대공황과 뉴딜정책 바로 알기

Politically Incorrect Guide to
THE GREAT DEPRESSION
AND THE NEW DEAL

대공황과 뉴딜정책 바로 알기

Politically Incorrect Guide to
THE GREAT DEPRESSION
AND THE NEW DEAL

로버트 P. 머피(Robert P. Murphy, Ph.D.) 원저

류광현 옮김

비봉출판사

〈서 문〉
대공황과 뉴딜정책에 관해
지금까지 배웠던 것들은 전부 거짓말이다.

만약 여러분이 전형적인 미국인이라면, 여러분은 1920년대는 무모한 투기의 시대였다고 배웠을 것이다. 그때에는 경제적 약자들은 어떤 규제도 받지 않는 경제적 강자, 즉 대기업들에 의해 좌우되었다. 여러분은 적나라한 자본주의의 과도한 행태가 주식시장의 대폭락, 가공할 경제위축, 그리고 급등하는 실업사태를 초래했다고 배웠을 것이다. 여러분은, 후버(Herbert Hoover) 대통령은 자유방임시장경제가 스스로 붕괴할 때 자신의 백악관 사무실에서 그저 차분히 지켜보면서 그 위기를 경감시키기 위한 어떤 조처도 취하지 않았다고 배웠을 것이다. 여러분은, 미국 사람들은 정부의 도움을 요청하면서 압도적인 다수로 루즈벨트(Franklin D. Roosevelt)에게 투표하였는데, 대중들의 마음을 움직이는 그의 말들은 희망을 제공했고, 그의 개혁적인 프로그램은 경제회복을 가져왔다고 배웠을 것이다. 마지막으로, 여러분이 받은 교육이 위의 설명과 다른 경우, 여러분은 미국을 대공황으로부터 실제로 벗어나도록 한 것은 루즈벨트가 아니라 2차 세계대전이었다고 배웠을 것이다.

이러한 공식적인 설명들은 하나도 예외 없이 전부 거짓말이다. 그리고 자신의 1차자료들을 점검하기 위해 애쓰는 연구자들은 누구나 이 사실을 알았을 것이다. 그러나 대부분의 역사가들은 경제학에 대해 너무 몰랐고, 대부분의 경제학자들도 역사에 대해 거의 아는 게 없었다(CNBC의 해설을 들어봐도, 심지어 경제학에 대해조차도 몰랐다). 워싱턴D.C의 정치가들과 관료들은 언제나 오로지 거대 정부만을 열렬히 칭송하는 수많은 역사가들과 경제학자들에게 기대를 걸 수 있었다. ── 심지어 그 칭송의 말들이 사실과 일치하지 않을지라도. 그러나 여러분이 역사적 세부 사실들이 여러분의 발을 걸어 넘어뜨리도록 내버려두지 않는 한, 대공황의 신화들은 대단한 이야기 거리가 된다.

그 신화에 나오는 이야기들은 대담하고 카리스마적인 루즈벨트는 무심하고 '아무 일도 하지 않은(do-nothing)' 후버와 다르다고 대비시키고 있다. 심지어 후버는 일자리 창출을 위해 공공 토목공사(public works)에 전례 없는 금액을 지출하였고, 루즈벨트는 후버가 선거유세에 너무 많은 돈을 쓴다고 혹독하게 비난한 일이 있었음에도 불구하고, 대통령 자리의 교체는 역사가들이 신바람이 나서 글을 쓰기에 좋은 재료가 되었으며, 그리고 루즈벨트의 감상적인 전기 작가들은 독자들의 머릿속에 위대한 인물의 영웅전을 그려주면서 너무나 행복해 했다.

이 책은 미국 경제사에 있어서 가장 중요한 한 시기에 대한 안내서이다. 즉, 이 책은 미국의 경제가 어떻게 작동하고, 정부는 무엇을 해야 하는지에 대한 근본적인 이해를 다루는 책이다.

이 책은 그 신화들의 사실을 확인하고, 그 신화들이 어떻게 틀렸는지 보여줌으로써 진실로써 여러분을 무장시킬 것이다. 이것은 미국 역사에서 언급되지 않은, 혹은 불충분하게 언급된 이야기들 중의 하나이다. 이것은 또한 정부와 자유주의 경향의 언론매체, 심지어 학계의 많은 사람들이 여러분이 모르고 지내기를 원하는 이야기들이다. 그러나 이것은 진실이다. 여러분은 그 진실을 바라볼 수 있게 되었다.

그리고 이 책은 단지 역사에 관한 것만은 아니다. 바로 지금도 연방정부와 연방준비은행은 전례 없는 방법으로 자신들의 힘을 확대시켜 나가고 있다. 이 나라 정부는 이 나라의 가장 큰 은행들과 기업들에 대하여 수조 달러의 직접 보조금을 지급하고 그리고 보증을 서주고 있다. 그리고 한편으로 연방준비은행은 경기부양책의 명분으로 어마어마한 액수의 돈을 금융시장에 퍼부을 준비가 되어 있다. 우리가 듣기로는 "대공황의 교훈"이 이처럼 거대한 액수의 부채 누적과, 이전에는 사기업 분야라고 알려져 왔던 것에 대해 연방정부가 이처럼 대규모로 개입하는 것을 정당화시켜 준다고 한다.

그러나 연방정부가 권력을 장악하는 근거로 삼고 있는 그 대공황의 '역사'는 단지 거짓 신화에 지나지 않는다. 이 책은 여러분에게 실제로 일어났던 일들을 보여줄 것이고, 여러분으로 하여금 연방정부라는 거대한 힘을 옹호하는 자들과 대항해서 싸울 수 있도록 무장시켜 줄 것이다. 1920년대의 주식시장 활황에 기름을 부어 1929년의 대공황을 불가피하게 만든 것은 일부 대기업들과 동맹한 큰 정부였다. 주식시장을 서투르게 조작함으로써 경제회복을 지연시키고, 그리하여 미국 역사상 최악의 불황으로 우리를 끌고 갔던 것은 후버와 그 뒤를 이은 루즈벨트의 한층 더 컸던 큰 정부였다. 그리고 우리가 만약 사실보다는 거짓 신화에 의해 인도된다면, 그와 같은 최악의 상황은 또다시 발생할 것이다.

　이 책에서 다루는 문제점들은 보수주의와 자유주의, 공화당과 민주당이 서로 일치를 보지 못하는 논쟁거리들이 아니다. 현재 상황은 그보다 훨씬 더 심각하다. '새로운 뉴딜정책'을 요구하는 합창의 소리가 점점 더 커지면서 1930년대에 일어났던 일들이 우리 시대에 되풀이되고 있다. 그러나 충분한 수의 시민들이 제때에 진실을 배우기만 한다면, 미국은 한층 더 거대한 대공황을 피할 수가 있을 것이다.

차 례

Politically Incorrect Guide to
THE GREAT DEPRESSION AND THE NEW DEAL

✳✳✳✳✳✳✳✳✳

제 1 장
위 기

대공황은 미국 경제사에서 가장 중요한 사건이다. 대공황은 연방정부가 우리 경제에 그 어느 때보다 훨씬 더 깊숙이 개입하도록 함으로써 미국 경제학과 정치학의 사고를 철저하게 바꿔 놓았다. 먼저 후버 대통령, 그리고 루즈벨트 대통령의 뉴딜정책은 전례 없는 새로운 정부 계획들을 폭발적으로 도입했다. 그러나 그들 모두 미국 역사에서 경제를 최악의 시기로부터 벗어나도록 하는 데는 실패했다. 어떻게 이 모든 일들이 발생했는가? 기본 역사에서 출발해 보자. 그리고 나서야 우리는 가능한 설명을 검토할 수 있다.

어떻게 생각하는가?

🏠 대공황에 대한 표준적인 설명은 잘못된 역사적 사실에 근거한 것이다.

🏠 대공황과 뉴딜 정책의 신화는 큰 정부를 지지한다.

🏠 뉴딜 정책은 대공황을 연장시켰다.

광란의 1920년대

대공황이 가한 충격의 일부는 그것에 앞서는 좋은 시절과 뚜렷이 대비된다. "광란(狂亂)의 20년대(Roaring Twenties)"는 아마 미국 역사에서 가장 번성했던 10년이라고 할 수 있을 것이다. 그것은 단지 사람들이 1920년대에 더 부유해졌다는 의미가 아니다. 그 이상이었다. 사람들의 삶이 *변했다(changed)*. 많은 가구들에, 특히 농촌에서, 처음으로 전기가 공급되었다. 전기는 오늘날 우리가 생활필수품이라고 생각하는 진공청소기, 냉장고, 토스터기와 같은 제품들이 확산될 수 있도록 하였다.

라디오를 가진 가정들이 더욱 더 증가함에 따라 전국적인 라디오 망이 1920년대 중반에 처음으로 형성되었다. 가구당 자동차 소유 비율은 1919년부터 1929년까지 거의 3배나 되었다. 전기 사용의 증가로 평균적인 미국인들의 이동성이 증대되었을 뿐만 아니라 프로스포츠가 큰 사업으로, 그리고 할리우드는 매력적인 영화 수도로 대두되었다. 1920년대는 주류 밀매업자와 자유분방한 말괄량이들로 가득 찬 열광적이고 자극적인 시기였다.

그럼에도 불구하고 현기증이 날 정도로 번창하고 불법 파티가 벌어지고 있는 가운데 무언가 근본적으로 잘못된 징후들이 자라나고 있었다. 초기의 경고는 1925년에 터져 나온 플로리다의 부동산 거품이었다. 그러나 투자자들은 투기 붐의 위험을 보았음에도 불구하고, 그러한 투기 붐의 시기에는 모든 자산 가격들이 그들의 본래 가격을 훨씬 초과하여 계속 상승할 것으로 *기대한다(expects)*는 단지 그 이유만으로, 그들은 투기 붐의 위험한 결말로부터 교훈을 신중히 받아들이지 않았다. 대신에 그들은 자신들이 입은 손실을 만회하기 위하여 과도한 차입경영 방식을 주식시장으로 옮겨서 계속 빚을 내서 주식을 많이 사들였다.

올라가는 것은 흔히 붕괴하게 마련이다. 연방준비제도 당국은 월 가(街)의 투기 붐에 대한 위험신호를 깊이 감지하고 주가 상승을 완화시키기 위해 계속해서 더욱 강한 조치들을 시도했다. 그러나 투기의 거품은, 바로 그 자체의 본성에 의해, 차차 줄어들어 일정한 수준에서 안정화될 수가 없다. 새로운 투자가들이 끊임없이 유입되어 가격을 계속 높여주지 않는 한, 투기를 위해 주식을 샀던 사람들은 이득을 실현할 수가 없게 된다. 그리하여 시장의 밑바닥에서는 수요가 떨어져 나가면서 그 결과 주식시장은 붕괴된다. 이것이 1929년 10월에 일어난 일이다. 최악의 이틀간 ― 검은 월요일(Black Monday)과 검은 화요일(Black Tuesday)로 별명이

✠ ✠ ✠ ✠ ✠ ✠ ✠

"그렇게 죽다니!"

롱 아일랜드에 있는 한 브로커의 부인은 자기 심장에 총을 쏴서 자살했다. 뉴욕 로체스터에 있는 전기 수도국 임원은 자신의 목욕탕에 들어가서는 벽에 붙은 조명용 가스관의 밸브를 틀어 자살했다. 세인트 루이스에 있는 브로커는 독을 삼켰다. 필라델피아의 금융업자는 스포츠클럽에서 총으로 자살했다. 펜실바니아 알렌타운에 사는 이혼녀는 자기 집의 문과 창문을 닫고 가스오븐을 틀었다. 밀워키에서는 한 신사가 스스로 목숨을 끊으면서 노트에 다음과 같은 글을 남겼다. '내 몸은 과학 실험실로 보내고, 내 영혼은 앤드류 멜론에게 보내고, 조위(弔慰)는 나의 채권자에게 보내도록 하라.'

― 역사가 클링거먼
(William K. Klingaman)

『1929년: 대붕괴의 해』(*The Year of the Great Crash*)에서

✳ ✳ ✳ ✳ ✳ ✳ ✳ ✳

그렇게 많은 사람들이 그렇게 많이 빚진 적은 없었다 …

"바로 내 창문 아래에서 한 신사가 15층 아래로 자신을 던져 산산조각이 나 죽었고, 그로 인해 큰 소동이 일어나고 소방대가 도착했다."
— 윈스턴 처칠(Winston Churchill), 1929년 10월 30일 맨허탄을 방문했을 때.

— William K. Klingaman, 1929: *The Year of the Great Crash* (New York: Harper &Row, 1989), p.289.

붙은 — 월가는 전체 가치의 거의 13%를 잃었고, 그 이후 연속적으로 전체 가치의 거의 12%를 잃었다. 이것은 상상도 할 수 없는 금융 출혈이었다. 금융 출혈은 파산한 투기꾼들이 (남의 눈에 잘 띄지 않는 다른 수단들을 통한 자살은 물론) 높은 빌딩의 창문 밖으로 자신을 내던짐으로써 실제로 유혈사태를 초래하였다.

대공황의 시작

후버 대통령과 멜론 재무부장관, 그리고 다른 금융당국자들은 대중에게 현재의 위기는 단지 1920년대의 경제적 성공이 길을 가다가 무엇에 한 번 부딪친 것과 같을 뿐이라고 확언했지만, 사실은 그와 다른 점을 계속 입증했다. 시간이 지나면서 사태는 웬 일인지 점점 더 악화되어 갔다. 실업률은 계속 높아져 가서 1930년에는 평균 8.9%, 1931년에는 거의 16%, 그리고 1932년에는 23% 이상이 되었고, 마침내 1933년에는 놀랍게도 25%나 되었다. 길거리의 가난한 자들은 말할 것도 없고 정부의 어느 누구도 이 미친 행진을 중단시킬 어떤 아이디어도 없었다. 노동시장에서는 이러한 일이 이전에 — 혹은 그 이후에도 — 일어난 적이 없었다.

대공황은 그 심각성에 있어서 비길 만한 것이 없었을 뿐만 아니라 그것이 지속된 기간에 있어서도 전례가 없었다. 미국은 이전에도 여러 차례의 공황 —혹은 소위 '패닉(panics)'—으로 고통을 당했지만 그러한 공황들은 전형적으로 2년 안에 해소되었다. 그러나 1929년에 주식시장이 붕괴된 이후 3년 동안이나 경제는 여전히 급락하고 있었다. 1929년부터 1933년까지, 연간생산은 놀랍게도 27%나 떨어졌고, 1933년 3월에는 실업률도 28%선을 돌파했다.

만연한 실업사태 이외에도 일반 미국인들은 금융공황을 통해서도 고통을 당했다. 연방예금보험공사(FDIC)가 설립되기 이전에는 은행이 파산하면 예금자들은 자신이 평생 모은 재산(life savings)을 잃어버렸을 것이다. 1930년대 초에는 부실한 은행들이 파산할 것이라는 루머가 주기적으로 돌았는데, 그것은 〈멋진 삶〉(It's a Wonderful Life)이란 고전적인 영화에서 묘사된 것과 아주 비슷한 예금 대량인출 사태(bank runs)를 초래했다. 그 영화에서는 놀란 예금자들이 은행의 돈이 고갈되기 전에 예금을 인출하려고 은행으로 쇄도했다. 수천 개의 은행들이 도산하여 예금자들은 1933년 한 해에만 13억 달러의 돈을 잃었다. 그러나 그 손실 이상으로 금융공황은 미국 금융구조 자체의 기반을 침식했다. 건전한 금융망이 없다면 그 경제가 어떻게 회복될 수 있겠는가? 많은 사람들에게는 자본주의체제 자체가 해체되고 있는 것처럼 보였다.

대공황의 또 다른 측면은, 절망과 고통 이상으로, 집안의 생계를 책임진 수백만 명의 사람들이 자신들의 가족을 부양하기 위해 일자리를, 어

훌륭한 성격 판단

쿨리지는 후버를 존중했으나 싫어했다. 그는 후버를 '신동(Wonder Boy)'이라고 불렀다. 왜냐하면 그는 항상 사물을 바꾸고 싶어 하는 것처럼 보였기 때문이다.

— 소벨(Robert Sobel)

Coolidge: An American Enigma (Washington D.C.: Regnery, 1988), 242

떤 일자리든, 얻기 위해 투쟁하는 동안 불의한 제도에 대한 분노가 그들의 가슴속에 부글부글 끓어오르고 있었다. 믿을 수 없는 일은, 국민들의 다수가 굶어죽기 직전에 놓여 있는 상황에서, 다른 한편에서는 엄청난 양의 식료품과 가축들이 그 생산자들의 이윤을 증대시켜 주기 위해 (정부의 명령으로) 의도적으로 파괴되었다.

루즈벨트 대통령(FDR)과 뉴딜정책

그리고 그때, 후버 대통령의 실패한 정책들로 인해 생겨난 공백으로 희망을 제시하는 카리스마적 지도자가 들어섰다. 게다가 그는 즉각적인 구원과 경제회복을 가져다주기 위해 고안된 일련의 급진적인 연방 정책들을 새로 도입했고, 또한 대공황의 재앙이 결코 반복되지 않도록 하기 위한 장기적 개혁과제도 제시했다. 1932년의 선거에서, 프랭클린 델라노 루즈벨트(Franklin Delano Roosevelt)는 일반국민 투표에서 후버가 40%의 득표율을 얻은 데 비해 압도적 다수인 57%의 지지율을 얻었고, 총 48개 주 중 42개 주에서 승리했다.

루즈벨트는 국민들에게 '뉴딜정책'을 제시했는데, 그것은 미국인들의 삶에서 연방정부의 역할을 확대시키는 입법들로 구성되어 있음에도 불구하고 급하게 허둥지둥 제정되었다. 자신의 '최고 두뇌집단(Brain Trust)'— 주로 컬럼비아와 하버드 로스쿨의 교수들로 이루어진 지식인들 — 으로부터 자문을 받고 있던 루즈벨트는 자신이 취임하는 순간부터 전면적인 주도권을 쥐고 뉴딜정책을 시행해 나갔다.

루즈벨트는 1933년 3월 4일에 대통령 취임선서를 했고, 바로 그 다음날 전국적으로 "은행휴일(bank holiday)"을 선포하여 모든 은행의 업무를 정지시키고, 정부의 조사를 통해 은행의 재무건전성에 대한 승인을 받도록 했다. 그는 3월 9일자로 73회 의회의 개회를 요청했다. 그날은 한 회기 동안 기록적으로 많은 새로운 법안들을 쏟아낸 소위 '백일의회(Hundred Days)'가 시작된 날이다. 그때 제정된 법안들에는 다음과 같은 것들이 포함되어 있다. (대통령에게 광범위한 권력을 주고 그에게 금본위제로부터의 이탈을 허용하는) 긴급은행법(Emergency Banking Act), 시민보호단(Civilian Conservation Corps(CCC))의 설립, 연방긴급구호법(Federal Emergency Relief Act(FERA)), 농업조정법(Agricultural Adjustment Act(AAA)), 테네시유역공사(Tennessee Valley Authority(TVA))의 발족, 연방증권법(Federal Securities Act), 국가고용제도법(National Employment System Act), 주택소유자 자금조달법(Home Owners Refinancing Act).

그리고 백 일째 통과된 것에는 공공사업국(Public Works Administration (PWA))과 국가재건국(National Recovery Administration(NRA))을 설립하는 국가산업부흥법(National Industrial Recovery Act)이 포함되어 있다.

✤ ✤ ✤ ✤ ✤ ✤ ✤ ✤

캘빈 쿨리지, 보수당 대통령직에의 소박한 취임식

쿨리지(Calvin Coolidge) 부통령은 하딩(Warren Harding) 대통령이 1923년 8월에 사망했을 때 대통령이 되었다. 그는 부친의 농장에서 건초 모으는 작업을 돕기 위해 낫질을 하고, 갈퀴질을 하고, 말 두 필이 모는 수레를 몰면서 2주간의 휴가를 보내고 있었다. 농장에는 전화도 없고 전기도 없었다. 역사가 존슨(Paul Johnson)은 당시 일어났던 일을 이렇게 묘사하고 있다. "쿨리지 가족들은 우편배달부가 문을 탕탕 치는 소리에 잠을 깼다. 배달부는 전보 두 개를 가져왔다. 하나는 대통령의 사망을 공식적으로 알리는 하딩 대통령의 비서한테서 온 것이고, 두 번째는 선서를 하면 대통령직에 취임할 자격을 즉시 얻게 된다고 쿨리지에게 통지하는 법무장관한테서 온 것이었다. 그래서 선서문은 복사되었고, 쿨리지 부친은 공증인으로서 등유 램프 불빛 아래에서 선서 의식을 집행했다.

Paul Johnson, A *History of the American People* (New York: Harper Perennial, 1999), 712-13.

게다가 루즈벨트는 재임 시절에 뉴딜정책과는 그 특성이 다른 법안들에도 서명을 했는데, 그 중의 많은 것들은 지금도 여전히 시행되고 있다. 예를 들면, 1934년에 정부는 증권거래위원회(Securities and Exchange Commission(SEC))를 설립했다. 그 위원회는 금융시장의 투명성 보장과 주식투기를 강력하게 억제할 임무를 띠고 있다. 그리고 1934년에는 또한 전국노동관계위원회(National Labor Relations Board(NLRB))와 연방주택관리국(Federal Housing Administration(FHA))을 탄생시켰다. 1935년에는 사회보장법(Social Security Act)이 통과되었는데, 그 법의 목적은 사적 구호 노력이 그 일에 부적절한 것으로 간주되는 시점에 노령, 유족, 장애 그리고 — 그 장애의 시초부터 — 실업보험을 제공하려는 것이었다.

루즈벨트의 부정할 수 없는 웅변적 재능과 그의 친근한 "노변 담화 (fireside chats)"에도 불구하고, 루즈벨트가 모든 사람들을 매혹시켰던 것은 아니다. 많은 지도적인 실업가들이, 뉴딜 정책을 다른 산업국들을 휩쓸고 있는 집단주의로 향하는 위험한 경향으로 인식하면서, 그것을 두려워하고 질색했다. 그리고 루즈벨트 또한 연방대법원과 충돌하였는데, 연방대법원은 1935년에 스키히터 가금(Schechter Poultry) 사건 소송에서 '국가산업부흥법은 자유무역에 대한 연방(특히 행정부) 권력의 비합헌적인 확장'이라고 보고 그 법을 기각했다. 뉴딜정책에 대한 또 다른 중대한 방해는 연방대법원이 1936년에, 미 정부 대 버틀러(United States v. Butler: 버틀러는 당시 대법원 판사 이름임) 사건 재판에서, 연방정부는 농업생산의 세부적인 면까지 간섭할 권한을 가지고 있지 않다는 이유에서 농업조정법을 기각한 것이다. 이것을 미국인들의 분명한 의지에 대한

✳✳✳✳✳✳✳✳

신용거래가 대공황을 야기한 것은 아니다.

표준 역사교과서에서 학생들은 1929년의 주식시장 붕괴의 — 그리고 따라서 대공황 그 자체의 — 원인들 중의 하나는 규제받지 않는 '신용거래 (margin trading)'라고 배운다. 그 이론은 1920년대의 무모한 시장은 투자자들에게 규제를 가하지 않았으며, 그래서 투자자들은 어리석게도 주식시장에 잠깐 손을 담그기 위해 돈을 빌렸다는 것이다. 그들은 그렇게 빌린 돈으로 투자를 했기 때문에, 심지어 주가가 약간만 하락해도 증권회사가 "추가 증거금(margin call)"납입을 요구할 때 이들은 당장 주식을 팔아서 추가 증거금을 납입해야 했으므로 주가의 연쇄적인 하락을 초래하게 되어 결국 이런 순진한 투자자들을 파멸로 이끌었다는 것이다. 이런 전통적인 설명에 따르면, 증권거래위원회와 다른 규제기관들의 발족과 함께 연방준비제도에 의한 현명한 억제책은 주식거래를 건전하게 하고 1920년대의 비이성적인 자본가들의 투기를 방지하는 데 필요한 것이었다.

이러한 '설명'에 내포된 문제점은 바로 다음과 같은 것이다. 즉, 정부 관료들이 전문가들보다 금융시장을 더 잘 이해하고 있음을 가정하고 있고, 또한 규제자들이 투자자 자신들보다 투자자들의 돈에 대해 더 많은 관심을 갖고 있다는 것을 가정하고 있다는 점이다. 신용거래자들에게 돈을 빌려주는 은행과 다른 기관들은 위험이 존재한다는 것을 알고 있다. 그들은 만약 담보물 — 주식 그 자체 —의 가치가 빠르게 떨어진다면 자금 대여자들은 약정된 이자수익을 잃을 뿐만 아니라 심지어 원금의 일부도 잃게 된다는 것을 알고 있다. 사실 1929년대 말에 주식시장이 붕괴되었을 때, 정확히 그런 일이 일어났다.

신용거래가 손실을 증폭시킨다는 것은 사실이지만, 그렇다고 그 신용거래의 관행을 비난하는 것은, 투자자들로 하여금 쉽게 거래를 하도록 "허용하고" 그리고 자신의 돈을 어리석게 던져버리는 것을 "허용하는" 것에 대해 직접적인 인과관계도 없는 전기나 영어 사용을 비난하는 것과 유사하다.

실제의 수수께끼는 이런 것이다: 왜 그렇게 많은 주식 투기꾼들이 왜 그처럼 잘못된 예측을 하고, 그리고 왜 그처럼 많은 자금 대여자들이 왜 그런 어리석은 사람들에게 자신들의 돈을 빌려주어 게임을 하도록 했는가 하는 것이다. 그 한 가지 대답은, 연방준비제도가 1927년에 여신시장에 저리자금(cheap money)을 홍수처럼 방출한 것인데, 그것은 우리가 배운 용어로 '불합리한 과잉(irrational exuberance)'을 고무하였다. 만약 자신의 방식대로 하도록 내버려 둔다면 시장경제는 주식 투기를 관료들보다 더 잘 "규제할 수 있는데," 이는 마치 시장경제가 정부기관보다 컴퓨터를 더 잘 만들고 소설을 더 잘 쓰는 것과 같은 이치이다.

대법원의 간섭으로 간주하고 격노한 루즈벨트는 1937년 초에 "법정을 내 사람으로 채울 것(to pack the Court)"이라고 공언하면서 협박했다. 그 협박은 말하자면 대법원의 대법관 수를 전통적인 정수 9명보다 더 많이 임명할 권한을 갖기를 원한다는 것이었다. 루즈벨트의 계획은 건국의 아버지들이 행정부의 전횡을 막기 위해 고안한 견제와 균형에 위험을 가할 것임을 깨닫고 그를 지지하던 많은 사람들도 그를 등졌다.

그러나 이와 동시에 연방 대법원은 훨씬 더 고분고분해져서 뉴딜정책의 원래 법안들 중에 무효화된 것들을 대체하기 위해 제정된 새로운 법안들을 지지했다. 특히 연방 대법원은 1937년 4월에 국가노동관계법의 합헌성을 지지함으로써 많은 기업가들을 놀라게 했다. 몇 달 후 대법원은 마찬가지로 사회보장법도 승인했다. 그리고 루즈벨트는 논의의 여지가 있는 자신의 계획을 버리기로 결정했다. 그의 뉴딜정책의 정신은 살아남았으며, 비싼 대가를 치를 뻔했던 헌법적 위기는 모면하게 되었다.

1937~38 '불황 속의 불황'

기업가들의 불평 – 그리고 더욱 보수적인 연방 대법원 판사들의 불평 – 에도 불구하고, 경제는 적어도 잠시 동안은 루즈벨트 대통령의 대담한 조치들에 반응을 보이는 것 같았다. 여전히 최악이었지만, 실업자 수는 루즈벨트가 취임한 거의 그 순간에 드디어 감소하기 시작했다. 국민총생산(GNP)과 같은 다른 경제지표 또한 충격적인 하락세가 반전되

경제학자의 투자 권유를 믿지 마라

주가는 하락할 수 있다. 그러나 그 성질상 폭락과 비슷한 것은 전혀 있을 수 없다. 주식에 대한 배당금 수익은 더 높아지고 있다. 이것은 주가 하락에 기인한 것이 아니며, 폭락을 예상해서 주가가 더 빨리 떨어지지도 않을 것이다. 그럴 가능성을 나는 예상할 수가 없다.

— 어빙 피셔, 1929년 강세 시장이 정점을 찍은 이틀 뒤

Quoted in Mark Thornton, "The Great Depression: Mises vs. Fisher," *Quarterly Journal of Austrian Economics* (11: 230–241, 2008), 235.

고 있었다. 비록 회복은 더뎠지만, 그것은 뉴딜정책이 작동하고 있는 것처럼 보였다. 겉으로 보기에는 연방정부의 거대한 팽창 ─ 세세한 부분까지 사업상의 결정을 관리하고, 수백만의 사람들에게 실직자를 놀리지 않도록 할 최소한의 직장 프로젝트(make-work projects)─ 이 도움이 되고 있는 것 같았다.

그러나 1938년에 또 재앙이 닥쳤다. '불황 속의 불황'이라고 불려온

왜 주식시장은 폭락했는가?

1929년 주식시장 붕괴에 관한 가장 설득력 있는 설명은 연방준비제도에 그 책임을 돌리고 있다. 1920년대에 걸쳐서, 그러나 특히 1927년에, 연준 (연방준비은행)은 인위적인 신용을 여신시장에 대량 제공했고, 그로 인해 자유시장의 이자율을 밀어 내렸다. 낮아진 이자율은 번영의 느낌을 과장하였고, 사업들과 투자자들을 잘못 인도하였다.

화폐와 은행업무가 정부에 의해 방해받지 않는 자유방임시장에서는 돈을 빌리려는 사람들에게, 시민들이 얼마나 많은 자본을 저축해 있고 또 프로젝트의 자금 조달에 얼마나 이용할 수 있는지를 말해 주는 가격이 바로 이자율이다. 그러나 연준이 이자율을 밀어 내려서 '저금리' 정책을 채택할 때에는 이 신호가 왜곡되어 이자율은 이용 가능한 자본을 가장 적절한 가치가 있는 프로젝트로 공급하는 일을 더 이상 수행하지 못하게 된다. 그 대신 기업들은 이자율이 낮아지면 근로자를 고용하여 생산 과정을 시작함으로써 걷잡을 수 없는 경제 "호황"으로 발전하는데, 이 호황은 연준이 일단 새로운 화폐의 유입 속도를 늦추게 되면 더 이상 지속되지 못하고 끝나게 된다.

많은 경제학자들은 주식시장 붕괴의 원인으로 1928년과 1929년 동안 연준이 이자율을 대폭 인상한 것을 지적한다. 어떤 의미에서는 이것은 사실이지만, 좀 더 본질적인 이유는 붕괴가 이자율의 대폭 인상 이전에 인위적으로 조성된 저리 금융에 의해 조성된 거품에 의해 필연적으로 형성된 것이라는 점이다. 다른 말로 하면, 연준이 새로운 돈을 많이 퍼부어 주식시장을 끌어올리기를 중단하면, 투자자들은 제정신을 차리고 자산 가격은 거품 이전의 수준으로 가라앉는다.

재앙이다. 경제적 성과는 전년도보다 3% 붕괴했으며, 실업률은 그해 동안 평균 19% 선으로 되돌아갔다. 사실상 월 실업률은 1939년 4월에 20%를 돌파했다. 그리하여 루즈벨트의 재무장관이자 막역한 친구인 모겐소(Henry Morgenthau)는 절망적으로 다음과 같은 고백을 하게 되었다.

"우리는 돈을 쓰려고 애를 썼다. 우리는 이전의 어느 때보다 돈을 더 많이 쓰고 있는데, 그러나 효과가 없다. 그리고 나의 단 한 가지 관심사는, 그리고 만약 내가 틀렸다면 … 다른 누군가가 내 직무를 차지해도 좋다는 것이다. 나는 이 나라가 번영하는 것을 보고 싶다. 나는 사람들이 직업을 갖는 것을 보고 싶다. 나는 사람들이 먹을 것을 충분히 갖는 것을 보고 싶다. 우리는 결코 우리의 약속을 잘 지키지 못했다. … 이 정부가 집권한 지 8년 후에도 우리의 실업률은 이 정부가 출범할 당시와 꼭 같은 수준일 것이다.… 게다가 거대한 부채와 함께!"

✦ ✦ ✦ ✦ ✦ ✦ ✦ ✦

자유가 효과를 낸다

"만약 기업들이 아무런 간섭을 받지 않고, 정부의 간섭과 증가되는 조세로부터 적절한 수준의 자유가 보장될 수 있다면, 그것은 불황을 탈피하기 위한 모든 종류의 규제들보다 더 큰 작용을 할 것이다. 지방정부라면 재난을 직접 구제하기 위해 필요한 모든 돈을 지출하는 것이 정당화된다. 그러나 국가와 주 정부는 입법을 통해 신뢰를 회복하려고 하는데, 그 결과는 곤란을 증가시킬 따름이다. 기업들에게 자신의 치료제를 스스로 공급하도록 자유 재량권을 주는 것이 지혜로운 일일 것이다."

— 캘빈 쿨리지(Calvin Coolidge)

Quoted in Silent Cal's Almanack: *The Homespun Wit and Wisdom of Vermont's Calvin Coolidge,* edited by David Pietrusza (Create Space Books, 2008), 54−5

리벳공(riveter) 로지: "참 좋은 세월 만났네"

얄궂게도 불황기의 음울한 경제 통계들은 나치 독일과 일본제국과 싸우기 위해 총동원령이 내려질 때까지는 실제로 반전되지 않았다. 고용 적령기의 남자들이 해외에서 싸우고 있는 동안 미국이 '민주주의의 병기창'이 되어 내국(內國) 전선에는 많은 일자리가 생겼다. 30년대에는 단지 먹는 문제만 해결할 수 있다면 어떠한 일도 하겠다는 떠돌이 가구들이 목격되었지만, 40년대 초에는 노동력이 부족하여 활발하게 돌아가는 공장들이 여성과 노년들을 일터로 끌어들였다. 산업들이 평화시의 생산체제로 다시 전환되는 1946년 잠시 조정기를 겪은 후, 전후의 미국 경제는 1950년대에 들어서서는 세계적으로 막강한 영향력을 가진 나라로 급부상했다. 드디어 대공황의 비극은 희미해지기 시작하여 끔직한 기억만으로 남았다.

(*주: 리벳공 로지(Rosie the riveter): 2차대전 중 미국 방위산업에 종사하는 여성 종업원을 상징하는 말)

그게 사실인가요 부인? - 해석의 필요성

대공황과 뉴딜정책에 대해서 쓴 책들은 수십 권이나 되는데, 그 중에는 그 암흑 시기 동안에 겪었던 개인적인 비극과 그것을 극복해낸 영웅적인 행위들을 연대기 형식으로 기록한 것들도 있다. 그러나 경제학자들은 오늘날의 정책 입안자들을 올바로 안내하기 위하여 다음과 같은 결정적인 문제에 대답할 필요가 있다. 왜 대공황은 그토록 심각했고 또 왜 그토록 오래 지속되었는가? 그리고 후버 대통령과 루즈벨트 대통령의 정책들은 각각 문제 해결에 도움이 되었는가, 아니면 해를 끼쳤는가?

　독자들은 경제사가들의 의견이 일치하지 않는 것을 알고 나서도 충격을 받지 않을 것이다. 좋든 나쁘든 경제사가들은 자본주의에 대한 자기 자신의 견해대로 기록된 역사에 해석이란 칠을 하지 않을 수 없다. 큰 정부를 찬양하는 사람들은 대공황과 뉴딜 정책에 대해 그때 루즈벨트가 달려들어 구해냈다는 식으로 그럴듯하게 보이는 설명을 할 수가

�֎ ✖ ✖ ✖ ✖ ✖ ✖ ✖ ✖

상황을 정확하게 이해했던 경제학자

　"나는 무슨 일이 일어나려 하는지를 예측했던 유일한 사람들 중의 하나였다. 1929년 초에 내가 이런 예측을 할 때 … 나는 이렇게 말했다: '유럽에서는 이자율이 떨어지기 전에는 경기가 회복되리란 희망이 보이지 않고, 그리고 이자율은 미국의 호황이 붕괴되기 전에는 떨어지지 않을 텐데, 이 호황의 붕괴는 몇 달 내에 발생할 것이다.'

　물론, 나로 하여금 이런 예측을 하도록 만든 것은 인플레로 인한 호황은 무한정 지속될 수 없다는 나의 이론적인 신념들 중의 하나였다. 그런 호황은 어느 정도 장기간 유지될 수 있는 모든 종류의 인위적인 일자리를 창출할 수도 있겠지만, 그러나 조만간 반드시 붕괴되기 마련이다. 또한 나는 연준이 신용확대를 통해 주식시장의 붕괴를 저지하려는 시도를 하던 1927년 이후에는 호황이 전형적으로 인플레이션에 의한 호황이 되었다고 확신하였다."

— 하이에크(Friedrich Hayek), 1975 interview

───────────────────────────────

　Quoted in Mark Skousen, "Who Predicted the 1929 Crash?" in *The Meaning of Ludwig von Mises: Contributions in Economics, Sociology, Epistemology, and Political Philosophy*, ed. Jeffrey Herbener (Norwell, Massachusetts: Kluwer Academic Publoshers, 2003).

✳ ✳ ✳ ✳ ✳ ✳ ✳ ✳ ✳

캘빈 쿨리지가 오바마에게 반대 투표를 하게 되는 이유

"불황이 되면 우리는 돈과 관련된 문제에서 아주 보수적으로 되기 시작한다. 우리는 돈을 저축하지만 그것을 투자할 기회는 전혀 잡으려고 하지 않는다. 그러나 정치적 행동에서는 우리는 반대 방향으로 나아간다. 우리는 급진적 조치들을 지지하기 시작하고, 가장 무모한 정책을 제안하는 사람에게 투표를 한다.

이러한 반응은 신기하고 비논리적인 것이다. 호황일 때에는 우리는 급진적 정부에게 기회를 줘볼 수도 있다. 그러나 우리가 재정적으로 취약해졌을 때 우리에게 필요한 것은 가장 건전하고 현명한 사람들과 정책들이다."

— 캘빈 쿨리지(Calvin Coolidge)

Quoted in *Silent Cal's Almanack: The Homespun Wit and Visdom of Vermont's Calvin Coolidge*, edited by David Pietrusza (Create Space Books, 2008), 54.

있다. 지금까지 이러한 설명이 지배적인 것이 되어 왔고, 이것은 대부분의 독자들이 학교에서 배웠던 것이며, 그리고 이것은 앞에서 묘사한 연속적인 사건들에 딱 들어맞는 그럴듯한 이야기이기도 하다.

그러나 경제학자들은 그 기간에 대해 계속 연구하면서 공식적인 견해와는 분명하게 반대되는 실증 자료들을 발굴해 내고 있다. 오늘날 우리의 돈을 낭비하고 있는 부패한 정치가들이 1930년대에는 비상한 재주를 부려서 우리의 돈을 효율적으로 사용하지는 않았을 것이라는 점을 더 많은 경제학자들과 역사가들이 인식하기 시작했다. 어떤 점에서는 그때나 지금이나 마찬가지이다. 정치가들과 관료들은 언제나 무능했고, 그들이 경제활동에 간섭하도록 선택되었을 때에는 돈에 매수되는 부패한 자들이었다. 이것이 경제적인 실상이다.

이러한 일들이 일어났던 이유

대공황 때 일어났던 일들에 대한 기본적인 설명으로 다음의 세 가지
가 있다.

설명 1 : 무모한 자유시장이 대공황을 야기했고 뉴딜정책이 우리를
그것으로부터 구해냈다.

이것은 공식적인 견해로서 대부분의 미국인들은 조건반사적으로 이
를 그대로 믿고 있다. 그것은 오바마 대통령이 자신의 경기회복 계획에
대한 "경기부양책"의 필요성을 강조할 때 널리 알려졌고, 노벨경제학상
수상자인 크루그먼이 자신의 뉴욕 타임즈의 인기 칼럼과 블로그를 통해
여러 해 동안 국내 독자들의 뇌리에 강하게 주입시켜 온 결과이다. 그
설명은 존 메이너드 케인즈(John Maynard Keynes)의 경제적 세계관과
"총수요(aggregate demand)"라는 개념에 의존하고 있다.

이 해석에 의하면, 적나라한 자본주의는 그 본래의 속성인 무절제로 인
하여 1929년에 주식시장이 호황을 맞은 다음 대폭락했다. 그러자 기업들
은 노동자를 해고했고, 해고된 노동자들은 생산물의 구입을 중단했는데,
이로써 경제는 하강의 악순환에 빠져들었다는 것이다. 후버 대통령은 일
시 망가진(short-circuiting) 시장에 개입을 하지 않았는데, 왜냐하면 그는
헌법을 존중하고, 연방정부가 실업자들을 직접 구제해 줘야 한다고는 생
각하지 않았기 때문이라고 한다. 그들은 말하기를, 사실 후버 대통령은 균
형재정 유지에 집착하였기 때문에 그는 경제가 이미 아주 취약한 상태에
빠져 있던 1932년에도 세금을 올렸다고 비난한다. 루즈벨트 대통령의 뉴

딜정책으로 경제가 회복되기 시작했지만, 그러나 대공황으로부터 미국을 구출한 것은 궁극적으로 전쟁 동안의 대규모 적자지출이었다는 것이다.

당연히 불황에 대한 케인지언의 이러한 설명에 찬동하는 사람들은 그 당시에 경제적 재난으로부터 빠져나오도록 경제에 "시동을 건(jump start)" 거대한 정부의 경기부양책을 지지한다.

설명 2 : 시장경제는 자연적인 등락을 겪는다. 그러나 연준은 1930년 초에 화폐 공급을 축소함으로써 정상적인 경기후퇴를 대공황으로 전환시켰고, 그 결과 시장경제는 붕괴되었다.

이 견해는 프리드먼(Milton Friedman)과 슈워츠(Anna Schwartz)가 공저한 『미국 화폐사(A Monetary History of the United States)』라는 고전적인 저서 속에서 발표되어 대중화되었다. 오늘날 자유시장을 지지하는 많은 사람들은 그 견해에 찬동한다. 왜냐하면, 그 견해는 대공황에 대한 책임을 정면으로 무능한 관료들에게 돌리고 있기 때문이다. 오늘날 이 설명에 대한 가장 중요한 지지자는 바로 다름 아닌 연준 의장인 버냉키(Ben Bernanke) 씨다. 버냉키 씨는 연준 의장이 되기 전에 젊었을 때엔 프린스턴대학의 학구적인 경제학자였다. 그의 전공은 ― 아주 공교롭게도 ― 대공황이었다. 오늘날 대공황에 대한 프리드먼의 '통화주의적' 설명을 지지하는 사람들은 연준은 미국의 현행 주택 및 금융위기

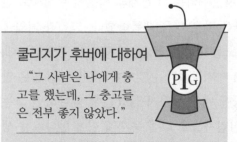

쿨리지가 후버에 대하여

"그 사람은 나에게 충고를 했는데, 그 충고들은 전부 좋지 않았다."

Quoted in Robert Sobel, Coolidge: *An American Enigma* (Washington, D.C.: Regnery, 1998), 242.

금본위제가 대공황을 야기한 것은 아니다.

대공황에 대한 또 다른 전형적인 설명은 '시대에 뒤떨어진' 금본위제에 그 책임을 전가한다. 이 이론에 따르면, 1930년대 초 산업화된 주요 국가들은 그들의 경제가 침체하면서 도사려 버티고 있는 금융기관으로부터 예금주들이 자신들의 돈을 회수하자 공포감에 휩싸였다. 그런 환경에서 — 전통 경제이론이 우리에게 말해주는 것처럼 — 중앙은행으로서의 적절한 조치는 화폐의 퇴장(hoarding)을 상쇄하고 물가 하락을 방지하기 위해 자신들의 경제에 새롭게 인쇄된 돈을 쏟아 붓는 것이었다. 그러나 불행하게도 중앙은행들은 금본위제에 손발이 묶여서 자국으로부터 보유금이 유출될지도 모른다는 두려움 때문에 적절한 처방을 실시할 수가 없었다.

그러나 대공황의 책임을 금본위제에 돌리는 것은 전혀 이치에 맞지 않는다. 어쨌든 고전적 금본위제는 제1차 세계대전 때까지 수십 년 동안 주요 국가들 사이에서 채택되어 왔다. 그리고 그 덕분에 국제무역은 원만하게 이루어져서 진정한 국제무역의 황금시대를 구가해 왔다.

세계무역이 큰 불균형을 보이기 시작한 것은 (미국을 제외한) 교전국들이 2차 세계대전 동안 금본위제를 포기했던 바로 그 때였다. 게다가 주식시장의 호황과 폭락 그 자체는 영국의 중앙은행을 구제하기 위한 연준의 1927년 결정과 직접적으로 연결되어 있다. 연준은 당시 환율을 너무 높게 설정하고 있던 영국 정부에게 파운드화를 평가절하 하거나 화폐공급을 감축시킴으로써 물가 하락(prices deflation)을 촉구하라고 요구하지는 않고 오히려 금본위제의 규칙을 무시하고 달러 공급을 확대했다. 영국의 전시 인플레에 의해 야기된 곪아터진 혼란상을 다루기보다 연준은 오히려 영국은행이 청산일을 연기하도록 허용해 주었다. 연준의 새 달러의 대량 공급은 당장의 위기를 "해결했다." — 그것은 영국의 금 준비 고갈을 중단시켰다. — 그러나 그것은 또한 월가의 주식시장 호황에 발동을 걸었다. 근본적인 문제를 무시하는 어떤 미봉책처럼, 1927년에 영국은행을 긴급 구제하기 위한 연준의 결정은 몇 년 후의 문제를 더욱 악화시키는 결과를 초래했다.

금본위제는 그것의 원리가 준수될 때에는 통화를 안정시키는 매우 큰 장점을 가지고 있다. 세계 경제가 혼란에 빠지게 된 것은 바로 정부들이 1차 대전의 전비 조달을 위해 지폐를 발권하도록 통화와 금준비(金準備) 간의 연계를 포기한 이후였다. 만약 주요 국가들이 금 준비에 계속 머물러있었다면, 이른바 새로운 지폐의 대량 주입이 요구되었다는 1930년대 초의 바로 그 불안정성 자체가 존재하지 않았을 것이다.

에 대해 이자율을 실질적으로 0%로 낮춤으로써 적절하게 대응해 왔다
고 생각한다. 이런 분석가들은 모든 사람들에게 통화정책에는 '시차(lags)'
가 존재하며, 연준은 여전히 경기부양책을 위한 많은 '탄약(ammunition)'
을 가지고 있음을 상기시킨다.

설명 3 : 연준은 금융완화(저금리) 정책으로 1920년대 주식시장의 호
황에 기름을 부었다. 대폭락 이후 연준은 이자율을 낮추고 부실기업
들을 지원함으로써 일을 그르쳤다. 후버 정부와 루즈벨트 정부의 경
제에 대한 개입은 사태를 더욱 악화시켰을 따름이다.

이 세 번째 설명은 오늘날 전의 공화당 대통령 후보이자 텍사스 하원
의원이었던 론 폴(Ron Paul)과 투자 매니저 피터 쉬프(Peter Schiff)와 가장
두드러지게 관련되어 있다. 그들의 사고는 소위 오스트리아 학파의 경기
주기론에 기초를 두고 있는데, 이 학파에서 가장 유명한 사람은 1974년
의 노벨상 수상자인 하이에크(Friedrich Hayek)이다. 이 설명에 따르면, 자
유시장은 프리드만의 이론을 추종하는 사람들이 믿고 있는 것보다 훨씬
더 강하고 신뢰할 수 있는 것이다. 호황과 불황의 순환은 자본주의의 본
래 모습이 아니라 오히려 연준의 이자율 조작에 의해 야기되는 것이다.

이 해석에서는, 대공황을 그처럼 끔직하게 만든 것은 1930년대 초의
화폐공급의 감소가 아니라, 1920년대 후반기의 호황 동안 여신시장에
화폐를 대량 주입한 일이라고 한다. 게다가 후버 정부와 루즈벨트 정부
가 노동자의 임금 수준에 비상하게 간섭함으로써 노동자들이 경제 상황
에 더욱 민감하게 반응하는 일자리를 찾아 이동하는 것을 방해하였고,
그래서 10년 간의 대량실업을 보장했다는 것이다.

세 번째 설명을 지지하는 사람들의 주장은, 오늘날의 위기는 2000년

대 중반의 그린스펀(Alan Greenspan)의 저금리 정책에 의해 야기되었다는 것이다. 이것은 투자자들에게 엄청난 손실을 입히면서 결국 터질 수밖에 없는 주택경기의 거품에 기름을 부었다. 부시 행정부는 실패한 기관들을 지원함으로써 문제를 더욱 악화시켰고, 새로 들어선 오바마 행정부는 훨씬 더 큰 손실을 입힐 수 있는 위협이 되고 있다.

어느 한 정책이 1930년대에 실패했다면, 그 정책이 어떻게 오늘날에는 작동하겠는가?

첫째와 둘째 설명의 지지자들은, 비록 그들이 종종 불편한 진실들을

✳ ✳ ✳ ✳ ✳ ✳ ✳ ✳

지금의 우리 처지를 말하는 것처럼 들린다.

"우리는 대공황이 탐욕과 이기주의의 결과였다고 말할 수도 있다. 그러나 구체적으로 누가 너무 탐욕스럽고 이기적이었다고 비난받아야 한단 말인가? 임금 소득자들이 너무 탐욕스러워서 자신들이 한 일에 대해 가능한 모두를 얻으려고 했기 때문인가? 기업의 경영자들이, 큰 기업이든 작은 기업이든, 너무 탐욕스럽게 이윤을 남기려고 했기 때문인가? 아니면 농부들이 너무 탐욕스러워서 더 많은 토지를 경작하여 생산물을 증대시키고 그래서 더 많은 돈을 벌려고 애썼기 때문인가?

우리가 기껏 말할 수 있는 것은, 사실상 전 국민들을 포함해서, 거기에는 총체적인 판단력의 결여가 있었다는 사실이다. 대공황을 통하여 우리는 우리가 생각했던 것처럼 우리가 그렇게 크지 않다는 것을 배웠다. 우리는 우리 자신을 좀 더 낮추고 겸손해져야 할 것이다. 그렇게 되면 우리는 전처럼 우쭐한 기분은 느끼지 못하겠지만, 그러나 더욱 안전해질 것이다."

— 캘빈 쿨리지(Calvin Coolidge)

Quoted in Silent Cal's Almanack, 54.

감추고 있더라도, 기본적인 역사적 사실들에 대해서는 잘 알고 있었다. 예를 들어 케인즈학파 사람들은 1930년대 내내 대량의 적자지출 정책을 시행했음에도 불구하고 이 정책은 만성적인 두 자리 수의 실업과 함께 진행되었다는 사실을 인식하고 있다. 프리드먼의 이론을 추종하는 사람들은, 연방정부가 주식시장이 폭락한 후 즉각 이자율을 인하했고, 그리고 사실상 그 후 몇 년 동안 통화정책을 통하여 경기부양책을 시도하면

✳ ✳ ✳ ✳ ✳ ✳ ✳ ✳ ✳

1920년대: 활기찬 번영이었나? 아니면 지속 불가능한 호황이었나?

한 사람의 이념적 선입관 여하에 따라서 "광란의 20년대(Roaring '20s: 경제 호경기를 타고 재즈와 찰스턴 춤과 보편화된 자동차 문화에 대중이 열광하여 살던 시대)'는 상당한 자유방임의 경제원리가 거둔 영광스런 성공으로 평가되거나, 혹은 순수 자본주의경제 고유의 불안전성을 드러낸 것으로 평가되었다. 자유시장 옹호자들은 당당하게 1920년대의 놀라운 경제성장을 지적하고, 그것을 앤드류 멜론 재무장관과 캘빈 쿨리지 대통령에 의해 주도된 보수적인 재정정책의 업적으로 돌리고 있다. 1921년 최상위 소득세납부 계층은 충격적인 세율, 즉 73%나 되는 세금을 납부하고 있었다. 그러나 멜론 장관은 그것을 1925년까지 25%로 인하했다. 멜론은 또한 가난한 사람들에 대해서도 같은 기간에 최하 빈곤계층에 대한 세율을 4%에서 1.5%로 낮추었다. 아마도 무엇보다 제일 인상 깊은 것은 멜론이 쿨리지 대통령의 재임 기간 동안 매년 연방예산을 흑자 기조로 유지하면서도 세율을 인하할 수 있었다는 것이다.

한편, 자유시장에 대한 비평가들은 1920년대의 명백한 "번영"을 사상누각(house of cards)으로 일축해 버리려고 한다. 그런 냉소적인 비평가에게는, 캘빈 쿨리지 대통령의 자유방임주의적 정책들은, 1929년의 대폭락과 그 후의 10년 동안의 불황에 의해 증명된 것처럼, 재앙에 대한 서곡일 따름이다.

진실한 이야기는 더 많은 뉘앙스를 내포하면서 이들 두 가지 지나친 행태로부터 나온다. 1920년대의 번영은 대부분 실재했던 것이다. 많은 가구들이 실제로 자동차와 전기, 그리고 진공 청소기와 토스트기 같은 전기제품들을

서 이자율을 최저 수준으로 유지했다는 점을 부인하지 않는다.

그렇다면 왜 오늘날의 폴 크루그먼과 같은 케인즈학파 경제학자들과 오늘날의 벤 버냉키와 같은 프리드먼 추종자들은 현재의 금융위기에 대한 치유책으로 정확히 똑같은 것으로 보이는 정책들을 추천하는가? 만약 그들이 내놓은 처방책들이 지난 날 그 처방책이 시행되었을 때 재앙

✳ ✳ ✳ ✳ ✳ ✳ ✳ ✳

구입했다. 평균적인 미국인들의 생활수준은 실제로 그 십년 동안에 인상적인 비율로 향상되었다. 이런 성공의 대부분은 멜론 장관의 보수적인 재정정책 덕택이었다.

그러나 동시에 자유시장으로부터가 아니라 정부 간섭으로부터 나오는 힘들이 작용했는데, 그 힘은 이러한 정당한 경제성장을 방해하였다. 연준은 저리 자금을 신용시장에 쏟아 부었는데, 특히 1927년에는 달러 통의 마개를 열어놓았다.(그 의도는 영국은행으로부터 금 유출이 쉽도록 하려는 것이었지만). 그리고 미국경제의 산업생산이 확장되고 있는 상황에서 첨가된 것은, 특히 그 십년 중 마지막 몇 년 동안에 연준이 인플레이션에 기름을 부었던, 지속될 수 없는 호황이었다. 뒤늦게 연준이 직접 관여하여 브레이크를 밟으려고 하자 주식시장은 비틀거리다가 결국엔 붕괴하고 말았던 것이다.

자유시장 옹호자들이 주식시장의 붕괴와 잇따라 발생한 대공황의 책임을 자본주의가 아니라 정부에 돌리는 것은 정당하다. 그러나 이들 저자들의 다수는, 1929년에 접어들 때에는 모든 것들이 잘 돌아가고 있었는데, 얼빠진 정부가 크게 실책을 범함으로써 마지막 순간에 건전했던 주식시장을 완전히 망쳐놓았다고 생각한다. 그러나 사실은, 앤드류 멜론과 캘빈 쿨리지가 비록 우수한 조세정책과 지출정책을 시행했지만, 그들은 연준의 치명적인 악영향을 이해하지 못하였다. 그러므로 자본주의에 대한 좌파 비평가들이 주식시장의 호황은 근본적으로 지속될 수 없는 것이라고 악평을 했을 때에 그들은 정당했다. 그러나 이들 비평가들은 그 책임이 은행과 통화체제에 대한 정부의 간섭에 있다는 점은 깨닫지 못하였다.

을 초래했다면, 도대체 왜 우리가 오늘날 거대한 재정적자 정책이나 혹은 저금리 정책들을 선호해야 한단 말인가?

케인즈학파 경제학자들과 프리드먼 추종자들은 자신들이 제시했던 해결책이 시행되지 않았더라면 1930년대에는 사태가 더욱 악화되었을 것이라고 대답한다. 다른 말로 하자면, 그들은 그 당시의 상황이 워낙 나빠서 새로운 처방책들조차 빠른 시일 내에 사태를 구제하기에는 역부족이었다고 주장한다.

그러나 이렇게 논리를 펴면서 피하려고 하는데, 문제점은 그것이 역사를 무시하고 있으며, 또한 미국의 자유시장 경제는 1930년대 이전에는 항상 훨씬 더 적은 고통으로(그리고 훨씬 적은 정부 간섭으로) — 보통 2년 이내 그리고 최대한 5년 이내에 — 이전의 불황으로부터 회복해 왔다는 사실을 무시하고 있다는 점이다. 어떻게 가장 충격적인 붕괴와 가장 느린 회복 과정에 적용되었던 정책들을 바람직한 것으로 추천할 수 있단 말인가?

자 그렇다면, 케인즈학파 경제학자들로서는 그 대답은 다음처럼 단순하다: 그 정책들은 정부에게 더 많은 권력과 권한을 부여하며, 그리고 정부의 경제조작이 더 '합리적'이거나 더 '공정'하거나 혹은 자원을 더 잘 배분할 수 있다고 (즉, 정치인 혹은 관료들이 원하는 방향으로 자원을 배분할 수 있다고) 믿으면서, 자신들의 이익을 위하여 그런 국가의 통제수단들을 칭찬하는 사람들도 많이 있다. 그리고 겉으로 보기에는 그것은 마치 2차대전 동안 대량의 적자지출이 마침내 불황을 끝낸 것처럼 보이기도 한다. 그래서 케인즈 이론을 참으로 믿는 사람이라면 적자지출 정책이 실패한 1930년대의 10년에 대해서 잠을 못 이룰 정도로 크게 걱정하지는 않을 것이다.

한편 프리드먼의 이론을 신봉하는 자들은 케인즈학파 경제학자들보다 훨씬 더 그럴듯한 설명을 하고 있다. 어쨌든 화폐공급은 1929년부터 1933년까지 실질적으로 1/3이나 줄었다. 그것은 분명히 경제가 이미 침체에 빠져 있을 때 그것을 발로 차버리는 것과 같아 보인다. 게다가 프리드먼의 설명은 대량의 정부지출을 찬성하지 않는 사람들의 호감을 사고 있다. 왜냐하면 그것은 연준에 의한 기술적 응급조치를 허용하기 때문이다. 그러나 프리드만학파 경제학자들도 역사적 사실을 회피해갈 수는 없다. 1930년대 초의 화폐공급이나 혹은 물가 하락(deflation)에 있어서 빠른 속도의 붕괴 같은 것은 전례가 없었던 것은 아니었다. 만약 연준의 방관 내지 무활동(inaction)이 대공황을 야기했다는 프리드먼의 주장이 옳다면, 그렇다면 연준이 존재하지도 않았던 1913년 이전에는 미국이 왜 훨씬 더 심각한 재앙들을 경험하지 않았는가? 우리는 당시에는 그런 재앙들이 없었다는 사실을 알고 있다.

연준이 창설되기 이전과 연방정부가 경기후퇴와 싸우는 데 아무런 역할을 하지 않았던 그 전의 시절에는, 어쨌든 불황은 언제나 스스로 상당히 빨리 정상상태로 회복되었다. 미국이 역사상 최악의 경제위기를 겪었던 것은 오직 연방정부와 연준

이 책 읽어 봤나요?

The Politically Incorrect Guide to American Hisstory, Thomas E. Woods Jr.(Washington, D.C.; Regnery, 2004)

The Politically Incorrect Guide to Capitalism, Robert P. Murphy (Washington, D.C.; Regnery, 2007)

Free to Choose, Milton Friedman and Rose Friedman (New York: Harcourt, Inc., 1990)

이 다 함께 경기후퇴와 제대로 싸우기 위해 소매를 걷어붙이고 본격적으로 덤벼들었을 때이다. 우리가 앞으로 보게 되듯이, 경제이론과 역사적 사실, 그리고 상식 어느 것으로 보든지 간에, 이들은 모두 우리를 동일한 결론에 도달하게 한다. 정부가 대공황을 야기했고, 뉴딜정책은 그 재앙을 연장시켰고, 2차대전은 사기업 부문에 더욱 큰 손상을 입혔다.

제 2 장
큰 정부 – 후버 대통령이
대공황을 더욱 악화시켰다?

루즈벨트(Franklin D. Roosevelt) 대통령을 신격화하고 뉴딜정책에 의미를 부여하기 위해서는 허버트 후버 대통령을 헌법 뒤에 숨어서 국민의 고통을 외면한 "무능한" 반동분자로 규정할 필요가 있었다. 그러나 어떤 설명도 진실과는 많이 다르다. 후버는 회고록에서 다음과 같이 술회했다.

"10~11월간 주식시장이 붕괴되어 즉시 대통령과 연방정부가 이로 인해 파급된 악재를 경감시키고 교정시킬 대책 마련 여부에 대한 문제가 발생했다. 이러한 사태에 대해 그것이 정부의 책임이라고 믿었던 전임 대통령은 한 사람도 없었다. 과거 사태의 경우 대통령이 관여해야 한다는 역설에도 불

맞춰보세요

🏠 허버트 후버는 자유방임주의를 신뢰하지 않았다.

🏠 후버의 큰정부 정책들이 대공황을 초래했다.

🏠 많은 뉴딜의 혁명적인 정책들은 사실상 후버의 재임 중에 시작되었다.

구하고, 전임 대통령들은 연방정부가 그런 돌발 사태와는 무관하며 사태가 터진 후 자연히 시들어지도록 내버려 두어야 한다는 주장을 완강히 펴왔다. 밴 뷰런, 그랜트, 클리블랜드, 시어도어 루스벨트 대통령들은 모두 초연한 입장을 취했다.

　따라서 이와 같은 정부 차원의 경험 부족으로 인하여 새로운 경지를 개척해야만 하는데, 사실 우리에겐 지침이 될 경제적 지식이 별로 없었다."

후버가 당면 과제에 대한 자신의 순진함을 위의 문장이 증명할 것으로 믿었던 것은 참으로 아이러니컬하다. 이것은 마치 의사가 항상 효과를 보아온 전래 요법 — 즉, 시간이 경제적 피해를 치유하도록 하는 — 을 집어치우고, 전혀 시도해 본 적이 없는 대량투약 요법을 선호한 것과 같다. 이러한 투약은 효과를 보지 못했을 뿐만 아니라 환자에게 평생 겪지 못했던 큰 고통을 안기게 했다.

그러나 후버는 큰 과오를 저질렀다는 결론을 논리적으로 내릴 수 없었다. 오히려 새로운 요법의 실패는 사태가 얼마나 악성인가를 실증하고 있어서 실패는 당연한 것이라고 받아들였을 뿐, 자신의 대책이 사태를 더욱 악화시켰다는 점은 인정할 수 없었다. 후버의 회고록에는 적극적인 정부 개입의 필요성에 대한 요지부동의 확신과 — 이 주제에 대해 수십 년 간 숙고해 본 후에도 — 그가 앤드류 멜론(Andrew Mellon)을 어떻게 평가하고 있는지 확연히 드러나 있다.

　"[주식시장 폭락 후 우리 행정부 내의 토론에서는 두 갈래의 학파가 급속히 형성되었다.

　첫째 학파의 주장은 재무장관 멜론이 주장한 '청산 방임주의' 학설이다. 그의 주장은 정부는 손을 떼고 경기 침체 자체가 스스로 정리·청산토록 하자는 것이었다. 멜론의 해법 공식은 오직 하나, 즉 '노동계 청산, 주식시장 청산, 농업계 청산, 부동산시장 청산'이었다. 대중이 인플레 발열 증세에 빠졌을 때 혈액에서 증상을 뽑아내는 유일한 방법은 자체 붕괴되도록 방임하는 것이라고 고집하고, 그래서 '현 제도의 부패성을 제거하여 고액의 생계비와 상류 생활을 하향조정함으로써 대중은 더욱 근면하게 일할 것이며 보다 도덕적인 삶을 영위하게 될 것이다. 가치가 재조정되어 기업인은 약화된 경쟁자로부터 도산된 업체를 인수하게 될 것이다.…'

미스터 멜론은 남북전쟁 후 70년대에 발생한 대공황을 회고하며 내게 상세한 설명을 했다. 당시 수 천 수 만 농가가 압류당했으며, 철도업 대부분이 파산하여 관재인(管財人)의 손으로 넘어갔고, 오직 소수 은행들만 피해를 모면했으며, 수많은 실직자가 거리를 배회하고 있었다고 상기시켜 주었다. 그 당시 멜론의 아버지는 영국으로 건너갔다가 문을 닫은 제련소로 갑자기 강철 주문이 쇄도

� � � � � � �

나는 책임이 없어요

후버는 회고록에서 "대공황은 미국에서 발생한 것이 아니다 … 국내의 어려움만으로는 일어날 수 없었고, 역사상 주기적으로 재발되는 보통 있는 경제적 재조정에 불과했다."라고 주장했다. 그러면 도대체 대공황의 원인은 무엇인가?

"1931년 초 경제적 태풍이 외국에서 불어 닥쳤을 때 우리는 스스로의 병에서 회복 중이었다. 이때 제1차 세계대전 후유증과 베르사이유 조약과 그들의 국내정책 등으로 인해 전 유럽의 금융 및 경제의 구조가 붕괴되었다."

허버트 후버 저 『허버트 후버 회고록: 대공황, 1929년~1941년』(New York: The Macmillan Co, 1952년).

한다는 소식을 듣고 급히 본국으로 발길을 돌렸다고 했다. 그가 돌아왔을 때에는 이미 경제 각 분야에 자신감이 회복되어 공황사태가 급속히 정지되고 12개월 만에 경제 전반이 활발히 재가동되었다는 것이다."

멜론이 주장한 역점에 주의를 기울여보자. 그는 경미한 경기후퇴에 초점을 두고 사태를 취사선택하여 예화(例話)를 든 것이 결코 아니다. 반대로 그는 당시 미국 역사상 최장 기간의 공황을 회고했다.(국민경제연구원의 보고서에 의하면, 경기위축은 공식적으로 1873년 3/4분기로부터 1879년 1/4분기에 걸쳐 5년 반 동안 지속되었다.)

그렇다고 하더라도 "청산주의"의 약 처방이 효과를 봐서 많은 관측자들이 기대했던 것보다 더욱 빨리 회복되었다. 돌이켜볼 때, 후버가 멜론의 건의를 거부한 후 1930년대의 공황이 더욱 악화된 것을 감안하면 —전보다 두 배나 더 오래 지속되었다 — 후버가 멜론의 보좌를 더 신임했어야 한다고 혹자는 생각할 것이다. 그러나 위의 문장을 쓴 후 후버는 다음과 같이 썼다.

"나는 물론 1870년대 당시 국민들이 겪었던 극심한 고통을 막을 수 있었으며, 현재는 30%지만 당시엔 국민의 75%가 농사에 종사했던 60년 전의 우리 경제는 훨씬 단순했으며, 실직자가 친척 농장으로 대거 귀향함으로써 공황 초기에 실업률이 감소되었는데, 대부분의 농가경제는 대체로 자체 조정이 되어 있었음을 재무장관에게 상기시켰다. 하지만 그의 관찰로는 지난 60년 동안 인간의 품성은 하나도 바뀌지 않았다고 머리를 흔들었다.

멜론 장관의 마음이 강퍅했던 것은 아니다. 다만 자기의 방식대로 밀고 나갔더라면 국민의 고통을 덜 수 있었다고 느꼈다. 사

실 곤란한 점은, 그가 이 사태는 통상적인 호황과 불황의 반복 현
상에 불과한 것이라고 고집을 부린 것이다.…"

멜론 장관은 이 점에서 옳았다. 즉, 만약 후버가 전임 대통령들의 정
책을 따랐더라면 오늘날 미국 역사상 최악의 경제 대란을 주관한 인물이
라고 그렇게 기억되지는 않을 것이다. (주의! 멜론의 정책에 귀를 기울였
을 1870년대 공황 당시의 대통령은 과연 누구였나?) 우리는 "통상 있는
일"이라고 빈정대지만, 만약 후버 행정부가 전의 여러 행정부의 전철을
밟아 자유방임 정책을 추구했더라면, 이번 공황도 전의 다른 모든 공황
과 같이 호황과 불황의 반복 현상에 불과했을 것이라고 멜론이 지적한
것은 역시 옳았다.

허버트 후버가 취임했을 당시 주식시장과 전반적 경제는 지속되기
어려울 정도의 호황 국면에 있었다. 그런 의미에서 대공황과 추후 발생
한 소규모 불황의 정황은 후버가 어떤 정책을 폈던 간에 피할 수 없었
다. 회고해 보건데, 후버는 대공황을 극히 파괴적인 정책으로 대처해 보
려고 시도한 결과, 그가 혹시 미국 경제를 망치려고 소련이 보낸 첩자가
아닌가 하고 의심을 샀을 정도이다.

자유주의 성향의 역사가들은 최소한 일부 쟁점에 관한 한 옳았다.
허버트 후버는 역사가들의 지지를 받은 정책(즉, 뉴딜정책과 같은 정책)
을 추구함으로써 1930년대 공황을 확대시켰다. 후버 대통령의 정책이
대공황을 초래한 정확한 원인은 바로 스스로 인정했듯이 전 대통령들이
비슷한 환경에서 추구했던 자유방임 정책을 포기했기 때문이다.

자본주의를 끈질기게 비판한 허버트 후버

후버 대통령이 멜론의 "청산주의" 자문을 거부했다고 주장한 것은 사태 발생 후 그의 일기에 자신을 변호하기 위해 거짓으로 적은 것은 결코 아니었다. 이 점에 대해 의구심을 품었던 독자들은 이제 안심해도 좋다. 그와는 반대로, 허버트 후버는 정부 요직을 두루 거치는 동안, 심지어 자유시장 체제가 (비교적)경이롭게 발전하던 '광란의 20년대(Roaring'20s)' 중에도 무절제한 자본주의를 끈질기게 비판했다. 당시 그의 행적을 기록한 문서나 동시대 사람들(노동계의 지도자 포함)의 증언에 의하면, 그들이 생각했던 것처럼 허버트 후버는 자유시장경제 신봉자가 아니었다. 실은 그의 상관이자 "작은 정부를 광적으로 지지하는 사람"의 훨씬 좋은 본보기로서 (불순한 면이 있지만) 좌익계열로부터 조롱의 대상이 되고 있는 캘빈 쿨리지(Calvin Coolidge)와 자주 머리를 부딪쳤다.(여기에서 특기할 사항은, 자유방임주의자 쿨리지는 경제의 호황을 주관한 반면, 행동주의자 후버의 경제 실적은 수준 이하였다.)

후버의 관직생활 초기의 경력을 간단히 살펴보면, (민주당의) 윌슨 대통령이 노사관계 회의를 주재하도록 그를 임명한 1919년으로 거슬러 올라간다. 이 회의를 통하여 결과적으로 많은 "진보적" 건의안들이 채택되었는데, 즉 노동계의 단체교섭권 확대, 근무시간 단축, 소년노동 철폐, 국민노후보험 등이 그것이다. 당시 후버 자신도 이러한 건의안들을 지지하면서 (보스턴 상공회의소 같은 단체로 구성된) 극우익계가 이러한 발상을 반대하는 점을 주목하였다.

1921년에 (공화당의) 하딩(Harding) 대통령은 후버를 상무장관으로 임명했다. 1920~1921년 1차대전 후의 공황 당시 "미국 부흥계획"(후버 본인의 표현)을 수립하고, 하디 대통령에게 '실업(失業)에 대한 대통령 대책 회의'를 주최하도록 촉구했다. 비단 이 회의뿐만 아니라 그 전에 기울인 노력들에 대해 후버는 아래와 같이 적었다.

"우리는 공공토목건설 사업을 확대하기 위해 연방정부, 주정부, 시 행정단위 간의 공조체제를 구축했다. 고용주들을 설득하여 피고 용인들 간의 작업시간을 '분할시켜서' 되도록 많은 사람들이 수입을 얻도록 했다. 우리는 또 기업들을 조직하여 계속 혁신과 보수(補修) 를 해 나감으로써 가능한 곳에는 모두 건설사업을 추진했다."

1921년에는 한 해 동안 경제 안정책으로 공공건설사업 계획의 입법 화를 위해 의회를 설득하려고 최선을 다했다. 다행히 후버의 거창한 계획이 실현되기 전에 경기침체가 끝나버렸다. (그의 약 처방 효능은 대통령이 된 자신의 행정부가 보여줄 수 있을 때까지 기다려야 했다.) 그 외에 특기할 만한 "업적"은 '유에스스틸(U.S. Steel)' 제재에 성공하여 1923년 하루 작업시간을 12시간에서 8시간으로 단축시키고, 1926년에는 철도노동법을 통과시키는 데 큰 역할을 한 것이다. 이를 가리켜 머레이 로쓰바드(Murray Rothbard: 자유주의, 수정주의, 비정통주의 경향의 미국의 저명한 정치, 경제, 역사학자)는 연방정부가 노사관계에 영구적으로 깊숙이 개입한 첫 사례라고 기술했다.

후버의 "신경제론"

대통령으로서의 행적과 대공황에 관한 후버의 회고록(한참 지난후)

의 의미를 찾기 위해서는 그의 길잡이가 된 경제적 세계관을 이해할 필
요가 있다. 후버는 진보적 "신경제론"으로 생각이 바뀌어 있었는데, 그
는 이 이론이 이전의 모든 불황의 특징인 불필요한 국민의 고통을 방지
할 수 있다고 믿었다. 그는 1926년 5월 12일 연설을 통해 다음과 같이
설명했다.

   "불과 수년 전만 해도 고용주는 여러 가지 사정은 고려하지 않
   고 실업과 이민을 빙자하여 저임금을 유지함으로써 이득을 취하려
   고 했다. 당시에는 임금을 최소화 하고 근로시간을 최대화 하는
   것이 생산원가를 최소한으로 줄여 최대의 이윤을 추구할 수 있는
   수단이라 여겼다. 그러나 이 새로운 개념에는 아직도 가야 할 길
   이 멀다. 대량생산의 핵심은 임금은 인상시키고 가격은 낮추는 데
   있다. 왜냐하면, 그것은 높은 수준의 실질임금으로 구매력이 증가
   하고 생활수준이 향상될 때 가능해지는 소비의 확대에 의존하기
   때문이다."

   후버의 말은 현저히 "현대화"되어 있다. 사실 그의 말은 10여년 후
전 세계를 휩쓸게 될 이른바 "케인즈"의 혁명적 경제분석을 예고하고
있었다. 후버의 관점은 주기적인 경기후퇴가 "과잉생산"과 "저소비"의
결과라는 잘 알려진 잘못된 개념을 반영하고 있었다. 생산자가 먼저 과
잉생산을 하면서 동시에 가격을 지나치게 높게 유지하거나 노동자들에
대한 임금을 지나치게 적게 줄 경우, 전체 소비자들이 그 생산품을 전부
구매한다는 것은 분명히 불가능하다. 그리하여 판매는 줄어들고 재고가
쌓임으로써 기업은 어떤 조처를 취해야만 한다.

   이와 같은 상황에서 "신경제 이론"이 전개된다. 자구책을 취해야만
하는 기업은 그들이 책정한 가격을 인하하여 불경기에 대처하게 되는데,

기업은 가격 인하에 맞추어 임금을 삭감하거나 종업원을 해고하는 방식
으로 생산원가를 줄이려고 할 것이다. 그러나 아이러니컬하게도 후버와
그의 "과소 소비주의자" 동료들은 근로자들의 허리띠만 졸라매도록 하
는 것은 자멸행위라고 믿었다.

한 개별 업체의 경우에는 가격 인하폭보다 임금을 더 많이 삭감함으
로써 최악의 상황에서 벗어날 수도 있을 것이다. 그러나 만약 모든 기업
들이 일시에 이런 정책을 쓴다면 그들 모두는 분명히 실패할 것이라고
후버는 생각했다. 왜냐하면, 기업이 판매하려고 하는 제품을 구매하기
위해 돈을 쓰는 것은 결국 근로자들이기 때문이다.

다시 말하면, 임금을 삭감함으로써 기업은 그들 자신의 전체 고객 기
반을 줄이고 기업의 제품과 노동에 대한 수요를 삭감시키는 것이다. 헨
리 포드와 당시의 "진보적" 기업가들이 좋아한 유명한 규칙이 있는데,
그것은 곧 "노동자들이 회사의 제품을 되살 수 있도록 그들에게 충분한
보수를 주라"는 것이었다.

후버가 불경기의 원인을 이렇게 진단하였다면, 경기후퇴에 대한 그
의 처방은 충분히 일리가 있다. 즉, 기업들이 생산해 놓은 제품 전체를
근로자들이 살 수 있을 정도로 충분한 돈을 벌지 못할 경우, 분명한 구
제책은 근로자의 구매력은 높여주고 기업의 생산에는 제한을 가하는
것이다. 대통령으로서 후버의 정책은 정확히 이러한 목표를 달성하려는
것이었다. 그는 기업들이 가격 인하의 압박을 받고 있을 때에도 — 가격
인하는 노동자들이 기존의 수입으로 더 많은 제품을 살 수 있음을 의미
한다 — 임금수준을 일정하게 유지하도록 기업들을 압박하는 데 성공
했다. 그리고 그가 저 악명 높은 "스무트 홀리(Smoot–Hawley)" 관세법
(1930년)에 서명한 것은 농가 수입을 지원해 주려는 생각에 근거한 것이
다. 공황 중에 그가 장기간 공공건설 사업을 지원했던 것은 기업들이

자기 제품에 대한 수요 감소로 고통을 당하고 있을 때 노동자들의 수입
격감을 방지하려는 수단으로 이해된다.

후버는 자기 이론에 충실하게 소비를 확대시키려고 했을 뿐만 아니
라 생산을 제한하여 "생산과 소비의 격차를 좁히려고" 노력했다. 그는
대통령의 직권으로 이민자의 대대적인 추방을 명령하기도 했다. 그는
작업량 분산 계획을 지지하여, 고전하고 있는 기업들에게 아무리 비능
률적인 종업원이라도 해고하지 말고 오히려 주간 작업일수를 줄여서 기
간요원의 숫자를 유지하도록 했다. 그는 심지어 장기불황이란 어려운
시기를 겪게 된 것은 "노동절약 기계"의 도입에 일부 책임이 있다고 하
면서 '새 기계는 노동자의 일을 빼앗으므로 저주와 같다'라고 한 "기계
파괴운동(Luddite)"의 오류에 호소하기도 했다.

그의 정책과 마찬가지로 그의 저술들에 비추어 보면, 후버는 분명히
경제에는 수행되어야 할 고정된 양의 일이 있다고 생각했으며, 더욱이
그는 만약 능률적인 근로자가 일을 너무 오래하거나, 아니면 새 이민자
들과 새로운 기계들이 모든 사람들의 '일자리'를 차지하게 되면, 이 예
민한 평형이 무너질 것이라고 믿었던 것 같다.

이해할 수는 있으나, 후버의 논리는 — 오늘날까지 우리의 정치 지도
자와 재계의 논객들에게 악영향을 끼치고 있지만 — 완전한 오류이다.
고임금은 번영을 가져오는 것이 아니라 그것은 오히려 번영의 "지표"이
다. 궁극적으로, 고용주들이 아무리 많은 푸른 지폐뭉치를 종업원들에
게 살포해 봤자 그것은 경제 전체의 번영과는 아무런 상관이 없다. 근
로자들이 우선 물건을 '실제로' 생산(또는 서비스)하지 않는 한, 그들이
두둑해진 주머니의 돈으로 물건을 사려고 할지라도 가게의 선반들은 텅
텅 비어 있을 것이다.

후버는 1926년의 연설에서, 미국의 노동자들은 다른 나라 노동자들보다 높은 "실질 임금(real wages)"(화폐 임금과 생활비의 대비)과 더 높은 생활수준을 누리고 있다고 지적했는데, 그것은 맞는 말이다. 그러나 미국의 노동자들은 더 많이 생산했기 때문에 고용주로부터 더 많은 봉급을 받은 것이다. 멕시코에서는 아무리 "진보적인" 기업가라 할지라도 자기 종업원들에게 북쪽 미국의 노동자와 맞먹는 구매력을 제공할 수는 없다. 그 이유는, 평균적으로, 멕시코의 노동자들은 미국의 노동자들만큼 생산성이 높지 않은데다 소비자로서도 일인당 상품 구매량이 미국인들과 같은 수준에 이른다는 것은 실질상 불가능하기 때문이다. 멕시코에서보다 미국 내에서 더 많은 제품이 생산된다면, 분명히 미국인들의 생활수준은 "임금 정책"과는 관계없이 더 높을 것이다.

근로자들에게 "자신들의 생산물을 되사기에 충분한" 보수를 지불한다는 단순한 공식은 경제를 구성하는 사람들에는 종업원들 이외에도 다른 사람들이 있다는 사실을 간과하고 있다. 그 중에서 가장 두드러진 사람들은 "근로자들"을 고용하고 있는 그 기업의 소유자들인 기업가와 주주들이다. 또 제품의 생산에 필요한 노동력 이외의 기타 모든 자원의 소유주들도 있다.

자동차공장의 종업원들이 맨손으로 수천 대의 자동차를 만들어 내보내는 것은 아니다. 오히려 그들의 노동력은 공장 건물, 강철, 고무, 공구 등과 다른 사람들이 기여한 조립 라인과 공정 일체를 감독하는 매니저의 조직적인 재능에 의해 증대된다(그것도 굉장히 많이). 만약 자동차공장의 노동자의 총임금이 그들의 손을 지나쳐간 자동차의 가격을 모두 합한 것과 같다면, 해당 업체는 부품 공급업자들에게 지불할 돈이 하나도 남지 않을 것이다. 이는 바로 타이어 생산업체의 제품에 대한 수요가 없어지는 것을 의미하고, 그렇게 되면 타이어 공장의 종업원들에게 지불할 돈이 없어지게 된다.

후버 자신의 말에 의하더라도, 후버의 "구매력" 지원을 위한 고임금 철학은 말이 되지 않는다. 그것은 논쟁의 첫 단계에서 실패하고 만다. 즉, 불경기가 되어 어느 한 고용주가 종업원 20명에게 한 주에 10달러씩의 봉급 삭감을 받아들이도록 요구한다면, 이는 경제 전체에서 200달러 상당의 "수요"가 갑자기 사라졌음을 의미하는 것은 아니다. 주급의 삭감 총액은 정확히 고용주의 수익이 종업원의 임금을 줄이지 않았을 때보다 200달러 증가함으로써 평형을 유지한다. (물론 임금 삭감을 하더라도 그 기업의 수익은 호황 때보다 불황 때 더 줄어들게 마련인데, 여기에서는 임금 삭감 그 자체만의 파급효과를 살펴보려 한다). 임금의 삭감이 생산품의 수요를 전체적으로 저하시킨다는 후버의 주장은 순전히 잘못된 것이다. 그는 임금의 삭감은 고용주들에게는 그들의 지출을 늘릴 수 있는 수단이 된다는 (개인 소비나 또는 투자 면에서) 사실을 놓치고 말았다. 공황 중에 근로자들이 고통을 짊어져야 하는 사실이 공정치 못하다고 혹자는 항변하겠지만, 임금의 삭감은 제품을 살 수 있는 전체 수입을 줄인다고 주장하는 것은 명백한 잘못이다.

아이러니컬하게도 후버는 (매상이 줄어드는 가운데) 임금을 올림으로써 "다른 사람"들이 타격을 받는다는 것을 충분히 알고 있었다. 1932년 대통령 선거전에서 후버는 자신의 기록을 자랑했다. 즉, "불경기 역사상 처음으로 임금이 감소하기 전에 이미 배당금과 이윤과 생활비는 줄어들었다"라고. 그러나 후버는 배당금과 이윤의 감소가 주주의 "구매력" 감소와 분명히 연관되어 있음을 알아채지 못했다. 우리의 관점을 반복해서 말하자면, 혹자는 큰 부자(fat cat)들이 경기후퇴 때 손실 전체

를 감당하는 것이 더 좋거나 공정하다고 말할지 모르지만, 임금보호라
는 방법으로 생산품의 총수요를 유지해야 한다는 주장은 결코 진실이
아니다. 종업원에게 선물을 주라고 고용주에게 촉구하는 것은 사회공동
체 전체를 풍요하게 만들지 못한다. 근로자의 이익은 고용주의 손실과
완전히 평형을 이루기 때문이다.

후버의 논리에 근거가 된 불합리한 추론을 떠나서, 그의 이론은 공황
때 물가와 임금 하락의 이유를 무시했다. 1920년대의 호황은 가공적(架
空的)인 부분이 있었다. 연준은 인위적으로 이자율을 낮추어 느닷없이
돈을 풀어 금융시장에 퍼부었다. 기업은 잘못된 가격 신호에 인도되어
경제에서 실제 저축액에서 자본조달이 가능한 한도 이상으로 장기투자
를 시작했다. 한마디로 말해, 1929년이 되자 미국의 (그리고 세계의) 경
제구조는 더 이상 지속될 수 없게 되었다.

"총임금지불액"과 같은
총화폐 상태에 초점을 맞추
면서, 후버는 경제의 불균형
을 바로잡기 위해서는 실제
적인 물적 자원들을 재정비
해야 한다는 사실을 완전히
무시했다. 즉, 경제의 자원
공급, 근로자의 기술과 그들
이 바라는 것, 소비자의 취
향 등에 비추어 볼 때, "기
업"이 생산을 너무 많이 한
것이 아니라, 어떤 분야에서

✳✳✳✳✳✳✳✳✳
차 만드는 일에 전념했어야!

"이 나라에선 대부분의 물건들이 너무
비싸요. 이 나라에서 정작 비싸야 할 유
일한 것은 바로 일하는 사람들이오. 임금
을 내려서는 안 돼요. 현 수준에 머물러
있어도 안 되고, 더 올려줘야 합니다."
— 헨리 포드,
1929년 백악관 회의를 마치고.

Quoted in Richard K. Vedder and Lowell
E. Gallaway, *Out of Work: Unemployment
and Government in Twentieth Century
America* (New York, New York University
Press, 1997), 92.

는 너무 적게 생산한 반면에 어떤 분야에서는 생산을 너무 많이 했다.

그러한 상황을 바로 잡는 유일한 방법은, 즉 경제를 지속가능한 형태로 전환시키는 유일한 방법은, 노동과 자원을 재편하는 것이었다. 어떤 기업들은 종업원들을 해고하고, 영업을 계속했을 때 소비해야 할 원자재들을 풀어놓게 즉각 공장문을 폐쇄해야만 했다.

사회주의 명령체제 아래라면 독재자가 돌연 마음이 바뀌어 이전의 계획이 싫어지면 그는 단지 새로운 계획을 짜서 폐쇄된 공장의 동무들을 확장된 다른 공장으로 보내버리면 된다. 모든 사람들이 독재자의 비위에 맞춰서 따르게 되므로 "실업(失業)"의 기간은 있을 수가 없다.

> ✣✣✣✣✣✣✣✣
>
> ### 노동조합의 심장인 후버
>
> "대통령 주재 회의는 실업계 지도자들에게 새로운 책임감을 주었다 … 그 전에는 다 함께 행동하자는 호소를 들어본 적도 없다 …그 전에는 자신들의 이익을 보호하기 위해 개별적으로 행동했다 … 그리하여 공황사태를 더욱 증폭시켰다."
>
> — 1930년 1월 1일 후버가 과거 자유방임주위 대통령들과 다르다고 칭송하는 노조 간행물 "미국연맹"지 사설에서 발췌.
>
> Quoted in Murray N. Rothbard, *America's Great Depression*, Fith Edition (USA.; The Ludwig von Mises Institute, 2008), 213~14

그러나 시장경제에서는 근로자들에게는 직업 선택의 자유가 있고, 원자재의 소유자는 누구든지 원하는 자에게 그것을 팔 수 있다. 그러나 이런 자유와 함께 복잡한 경제 구조 속에서 근로자와 자원이 새 일터를 찾으려고 할 때, 불행하게도 장기 실업사태와 "유휴자원"의 발생은 불가피하다. 자유시장 경제에서는 가격이 각 참여자로 하여금 노동의 분업에 최대한 기여하고 또 그를 통해 최대의 혜택을 누릴 수 있는 곳으로 배치되도록 안내해 준다. 확장이 필요한 업체는 임금을 올려줄 수가 있어서 노동자들이 몰려드는 그런 기업이다. 축소되어야 할 필요가 있는 업체는 수요의 감소로 가장 큰 타격을 입은 결과 가격과, 특히 임금을, 내려서 노동자들을 밖으로 몰아내야 하는 그런 업체들이다.

허버트 후버는 공황 중에 고용주들에게 임금율을 유지하라고 말하는 것이 노동자들에게 도움이 될 것으로 생각했다. 그러나 그것은 잘못이었다. 인위적인 고임금은 1929년의 대공황 때 버텨내지 못한 기업과 관련되어 있는 해고된 근로자들이 경제의 생산적인 분야로 다시 들어갈 수 없도록 하였을 따름이다. 대신에 그들은 고용주들이 감당하기에는 너무 비싼 유휴노동자 집단에 머물러 있게 되었다. 후버의 고임금 정책이야말로 그가 부지불식간에 대공황을 유발하게 한 여러 가지 시책들 중의 첫 번째에 해당된다.

대공황을 악화시킨 제1단계: 임금 인상

후버 대통령은 주식시장 폭락 후 자신의 "신경제론"에 충실하게, 1929년 11월 18일부터 재빨리 재계와 실업계의 지도급 인사들을 백악관으로 초청하여 일련의 회담을 가졌다. 그는 임금과 일자리와 투자지출의 유지를 목표로 지도자들의 동의를 얻어냈다. 만약 이것이 불가능한 것으로 드러나면 실업계 지도자들은 임금을 제품가격보다 더 천천히 내릴 것이며(노동자들보다 이윤이 먼저 타격을 입는다는 뜻), 해고를 통해 곧바로 일자리를 없애는 대신에 근로자들 간에 작업시간 감축이 불가피해질 것이다. 실업계 인사들은 이 제안에 동의했을 뿐만 아니라(헨리 포드는 '임금 인상'까지 약속했다) 이 위기에 대처하기 위해 정부/실업계가 공조하는 특별 자문위원회의 대표들을 임명했다. 12월 5일, 후버는 실업계의 지도자들 앞에서 진정으로 다음과 같이 천명했다:

"(여러분의 동의는) 기업체와 공공복지의 관계라는 전체 개념
을 진일보시켰습니다. 우리의 경제생활의 안정과 발전을 추구하는
데 매우 결정적인 공헌을 하기 위한 자발적 행동의 결과, 이제 여
러분은 미국의 산업을 대표하는 분들이 되었습니다. 이것은 불과
삼사십 년 전의 제멋대로이고 살벌하게 서로 으르렁거렸던 비즈니
스 세계의 태도와는 천양지차인 것입니다."

후버는 자기 임기 중에 이런 압박을 계속 가했을 것이다. 재무장관 멜론은 자기 보스의 입장을 요약하면서 (개인적으로 그것이 현명한지 여부를 떠나서) 1931년에 이렇게 적었다:

"이 나라에서는 임금 인하를 방지할 뿐만 아니라 고용을 최대
한 유지함으로써 소비를 촉진시키기 위해 정부와 실업계가 일치되
고 단호한 노력을 경주해 왔다.
　　가장 중요한 요소는 구매력이며, … 구매력이란 대부분 생활수
준에 달려 있으므로 … 어떤 대가를 치르고라도 생활수준은 유지
되어야만 한다는 사실을 상기할 필요가 있다."

경제사가들은 후버나 멜론이 유권자들에게 허풍을 떨었던 게 아님을 증명해 보였다. 경제학자들이 말하는 "실질임금(real wages)"은 1930년 초반 동안에는 실제로 인상되었다. 왜냐하면 대부분의 상품과 서비스의 가격이 추락하는 동안에도 기업들은 '화폐 임금'을 전혀 삭감하지 않거나 삭감하더라도 극히 마지못해서 했기 때문이다. 이것은 노동의 가격을 왜곡시켜서 기업들이 노동을 고용하는 것이 상대적으로 더욱 비

싸게 먹히도록 만들었다. 그 결과 무슨 일이 일어났는지 알겠는가? 경제가 큰 슬럼프에 빠져 있는 동안 노동자의 가격이 상대적으로 올랐기 때문에(후버의 잘못된 세계관으로 인하여), 기업들은 노동자들을 더 적게 고용하였다. 이에 대한 경제학자 리처드 베더(Richard Vedder)와 로웰 갤러웨이(Lowell Gallaway)의 설명을 들어보자:

> "실업률이 초기에 증가한 것은 주로 생산성 쇼크에 의해 설명될 수 있지만, 1931년에 실업률이 급증한 것은 근로자 당 생산량의 추가적 감소와는 관련이 없다. 근로자 당 생산성은 거의 변하지 않았고, 실제로는 얼마간 증가했다 … 그러나 화폐임금은 아주 경미하게 떨어졌다.… 반면에 1920~1922년의 불황 때에는 화폐임금이 한 해에 약 20%나 떨어진 반면에 1931년에는 3% 미만 하락했다. 이와는 대조적으로 1931년에는 물가가 상당히 더 떨어져서, 즉 8.8%, 실질임금은 사실상 현저하게 인상되었다. 실질임금은 근로자 당 생산량의 감소에도 불구하고 1929년보다 더 높았다. 화폐임금의 조정 실패에 수반하여 일어난 1931년의 물가(하락)은 실업률을 15% 이상 증가시킨 근본 원인이었다."

이를 1920년대 초의 불황과 비교해 봄으로써 교훈을 얻을 수 있을 것이다. 허버트 후버와 그의 노동운동 동지들은 경기후퇴 중에 노동이, 앤드류 멜론이 사용한 정치적으로 틀린 용어이지만, "청산되어야 (liquidated)" 한다는 말을 터무니없는 말이라고 생각했다. 사실 이전의 불황 때에는 노동자들의 임금이 단 1년 만에 20%나 줄어들었는데, 그것은 사실 견뎌내기 어려운 일처럼 보였다(비록 다른 가격들도 떨어져서 충격을 완화시켰지만). 그러나 지속되기 어려운 호황 후에 경제가 재조정되어야만 할 때에는, 노동자들을 적합한 분야로 원활하게 이동시키기

❋ ❋ ❋ ❋ ❋ ❋ ❋ ❋

우리는 돈에 묻혀 있는데 그대는 해고를 당했다니 너무 안 됐군!

여기에 놀랄만한 통계가 있다: 만약 당신이 대공황 때 직장을 잃지 않았다면 당신의 구매력은 아마 올랐을 것이다. — 사실 호황기 때보다 더욱 빨리 올랐다. 허버트 후버의 "고임금 정책"이 큰 성공을 거두어 미국 최악의 경제위기 속에서도 실질임금은 1929년부터 1933년 사이에 해마다 3%의 복리로 인상되었다. 이것은 '광란의 20년대'보다 훨씬 더 높게 인상된 것이다. 물론 이러한 높은 임금인상은 큰 값을 치렀다. 즉, 고전하는 기업들은 필요한 일꾼들을 높은 임금을 주면서 고용할 형편이 못되었다. 경제학자 리처드 베더와 로웰 갤러웨이는 결론짓기를, 후버의 "고임금 정책"이 주식시장 폭락 후 몇 년간 엄청난 실업사태를 초래시킨 근본 원인이라고 했다.

리처드 베더. 로웰 갤러웨이 공저 『직장을 잃고』에서 발췌. (82면)

위해서는 노동을 포함한 자원 가격들이 변할 필요가 있다.

요약하면, 이전의 불황 때에는 사정들이 매우 나빴다. 1921년에는 연간 실업률이 11.7%로 치솟았으나 다음 해에는 6.7%로 떨어졌으며, 1923년에는 믿을 수 없을 정도인 2.3%로 떨어졌다. 이것은 연준에 의해 유도된 인플레성 호황 후에 신축성 있는 임금과 물가로 시장이 어떻게 자체 교정을 하였는지를 보여준다.

그러나 "온정적인" 후버는 1929년의 대공황 이후 기업들의 임금 삭감을 금지했기 때문에 실업률은 오르고, 오르고, 또 올라가서 1933년 3월에는 상상할 수도 없을 정도인 월 실업률 28.3%의 정점까지 올라갔다. 노동력의 1/4이 일자리에서 쫓겨남으로써 "불황 역사상 처음으로 (노동의) 임금이 고통을 당하기 전에 이미 주식배당금, 이윤, 생활비가 감소되었다"는 사실도 일자리를 잃어버린 노동자들에게는 별 위안이 되지 못했다.

공황을 악화시킨 제2 단계: 국제교역 마비

전형적인 미국 역사교과서조차도 대공황의 부분적 책임을 수입품을 사는 미국 국민들에게 엄청난 세금을 물리게 한 저 악명 높은 1930년의 '스무트–홀리 관세법(Smoot–Hawley Tariff Act)'에 돌리고 있다. 1920년대 전체를 통해 후버는 미국의 농부들은 다른 계층의 국민들처럼 번영을 누리지 못하고 있으므로 정부가 그들을 도와줘야 한다고 생각했다.

주식시장이 붕괴된 후 물가가 떨어지기 시작하자

그는 역사에 괜찮게 기록될 것이다

"주식시장의 폭락으로 수백만 명이 직장을 잃은 것과 같은 위기 상황이 이전에는 없었으므로… 전체적인 임금 삭감은 없었다. … 후버가 대통령으로 재직 중에 정부에 공헌한 일이 전혀 없다고 하더라도 그의 행정부가 이룩한 탁월한 업적이 한 가지 있는데 — 임금 삭감을 안 했다 — 이것은 노동자 계층뿐만 아니라 실업인들도 마찬가지로 인정하는 것으로 영원히 기억될 것이다. 월급봉투에 돈이 넣어져 있지 않으면 기업이 제일 먼저 고통을 당했기 때문이다."

— 1930년 노동장관 제임스 데이비스(James Davis): 후버의 전례 없는 고임금 정책이 전례 없는 불황을 초래하여 의도하지 않은 결과를 초래한 데 대하여.

리처드 베더. 로웰 갤러웨이 공저 『직장을 잃고』에서 발췌. (93–94면)

농산물 가격도 같이 떨어지기 시작했다. 공황에 대한 그의 "구매력 이론"에 충실하게, 후버는 농가 수입의 감소가 위기를 더욱 악화시킬지도 모른다고 우려했다. 그렇더라도 단순하게 미국의 소비자들에게 식품비에 더 많이 지출하라고 요청하기보다(대기업에 대해 임금 수준의 유지를 요청했듯이), 후버는 실기(失機) 할세라 정부의 권력을 이용하여 가격 인상을 단행했다. 스무트–홀리 법은 수천 종의 수입품에 대하여 기록적인 수준으로 세금을 올렸다.

사실상 모든 경제학자들이 동의하는 한 가지 이슈는 "보호무역"의 장벽은 그것을 시행하는 국가를 더욱 빈곤하게 만들 뿐이라는 것이다. 실제로 1천여 명이 넘는 경제학자들이 후버에게 그 관세법에 대해 거부권을 행사하라고 탄원했다. 스무트-홀리 법이 초래한 재난의 일부는 무역전쟁을 야기한 것이다. 따라서 다른 나라들도 미국의 수출상품에 보복관세를 높게 매김으로써 이에 보복하였다. 미국에 대한 반발 움직임에는 유럽 국가들이 1차대전 동안 미국에 진 부채의 상환을 거부하고 나선 것도 포함된다.

다른 국가들의 반응 여하에 관계없이 무역장벽을 강화시키려는 후버

* * * * * * * * *

고의적이 아닌 결과

"스무트-홀리 관세법은 우리 국내경제에 직접적 해악을 끼쳤다… 우리나라 자체 공산품 제조에 도움을 주기 위해서도 수입품이 필요했다. 따라서 관세 인상은 우리의 주력산업을 비틀거리게 만들었다. 예컨대 텅스텐에 대한 관세는 강철 생산에 타격을 주었고, 아마인유(亞麻仁油) 관세는 페인트 제조업을 손상시켰다. 지엠(GM)과 포드(Ford)사는 세계 굴지의 자동차 생산업체인데 스무트-홀리 관세법은 자동차 제조에 사용되는 800종 이상의 물품에 대한 관세를 올려서 자동차 업계는 이중고를 겪었다. 첫째 미국에 대한 유럽 국가들의 보복관세로 자동차가 적게 팔리고, 둘째 자동차 제조에 필요한 수백 종의 물품에 과중한 세금을 물어야 했다. 자동차 판매고가 1929년 5백30만 대에서 1932년 1백80만대로 추락한 것은 당연할 수 밖에."
— 역사가 버트 폴섬(Burt Folsom)

Burton Folsom, Jr., *New Deal or Raw Deal? How FDR's Lergacy Damaged America* (New York: Threshold Editions, 20089), 31-32

의 결정은 미국인들을 더욱 빈곤하게 만들었다. 어느 특정한 한 가지 수입상품에 대한 관세를 인상하면 시장에서의 외국 상품의 경쟁력을 약화시켜 해당 제품의 국내 생산업체를 돕는 것은 사실이다. 그러나 전체 미국인들이 손해를 본다. 새로 도입된 관세는 그 수입상품을 사려는 미국의 소비자들에게 가격을 높이기 때문이다.

더욱이 특정한 미국의 산업을 보호하려는 관세로 인해 미국의 수출업자들이 오히려 손해를 보게 되는데, 이는 수입에 대한 심한 장애물로 작용함으로써 외국의 수입업자가 미국의 수출품을 사들일 달러가 줄어들기 때문이다.(미국의 수출 총액은 1929년의 70억 달러에서 1932년에

어리석은 일관성: 외국 상품과 노동자의 수입 금지

일자리 수를 고정시킨다는 생각에 매달려서 후버는 회고록에서 "실업 문제를 성공적으로 다루기 위해 이민을 제한할 필요를 느꼈다"라고 쓰고, 아래의 통계표를 자랑스럽게 제시했다.

	이민자	국외로의 이주자
1929	279,678	69,203
1930	241,700	50,661
1931	97,139	61,882
1932	35,576	103,295

후버는 또한 (만족스럽게) 자기의 추방자 기록(1933 회계연도에는 19,865명으로 최고 기록)을 루즈벨트 대통령의 그것과 비교하기도 했다. 성공의 척도를 이민을 온 자들보다 국외로 떠난 자들이 더 많았다는 것으로 삼고 있으니 참으로 이상하다.

Herbert Hoover, *The Memoirs of Herbert Hoover*, 48

는 25억 달러로 떨어졌다. 이런 하락세는 전반적 경기침체와 가격 디플레이션에 일부 기인한 것이지만.) 미국은 농산물의 순수출국이므로 관세인상 장벽은 아이러니컬하게도 다른 생산업체보다도 농민들에게 더 큰 타격을 주었다.

모든 개인이 자기 스스로 곡물을 재배하고, 자기 옷을 짓고, 자기 집을 지어야만 한다면, 그것은 분명히 "고용을 창출할" 것이다. 그러나 그렇게 되면 생존을 위하여 매일 15시간은 일해야 한다. 그러나 각자가 한 가지 일에 전문적으로 종사할 수 있게 된다면 모두가 훨씬 더 잘 살 수 있게 된다. 그들은 자신이 필요한 것 이상을 생산하여 자기처럼 한 가지 일에 전문적으로 종사하는 사람들과 각자의 잉여생산물을 가지고 서로 교환을 하기 때문이다. 동일한 원리가 국가들 간에도 적용된다. 국가들이 각자 "비교우위(comparative advantage)"를 갖는 분야에 전문화하고, 각자의 잉여생산물을 가지고 다른 나라들과 교역을 하게 되면 교역당사자 모두가 전반에 걸쳐 생활수준을 향상시킬 수 있다. 근대사에서 최악의 경기후퇴 중에 여러 나라들이 이처럼 훌륭한 협력을 포기하기로 결정한 것은 참으로 비극이라 할 것이다.

대공황을 악화시킨 3단계: 민주당원처럼 세금으로 소비하라

자유방임주의자로 잘못 알려진 후버 신화의 일부는 그가 대공황 초기 단계에서 정부예산을 무자비하게 삭감했다는 것인데, 그 이유는 후버가 "전통적"인 자유시장 이론에 집착하여 경제가 불경기 국면으로 들어갈 때에는 정부가 경기부양을 위해 소비지출을 늘려야 함에도 불구하고 — 근대 케인즈학파의 이론처럼 — 그가 이 점을 인식하지 못했기 때문이라는 것이다. 이러한 관점은 노벨경제학상을 수상한 폴 크루그먼(Paul Krugman)에 의해 2008년 12월 〈뉴욕 타임즈〉에 근사하게 묘사되었다:

"현대의 미국 대통령들은 어느 누구도 심각한 경기후퇴에 직면하여 예산의 수지균형을 맞추기 위해 1932년에 연방정부가 취했던 재정정책의 실책을 되풀이하지는 않을 것이다. 오바마(Obama) 행정부는 경제위기와 싸우는 동안에는 재정적자 문제를 일단 유보할 것이다.

그러나 워싱턴의 연방정부가 경제를 살리려고 노력하더라도 허버트 후버와 같은 50명의 주지사들이 — 흔히 가장 취약한 선거 구민들과 국가경제의 미래를 희생시켜서라도 경기후퇴 중에 지출을 삭감한 50개 주의 주지사들이 — 취한 조처로 말미암아 나라가 비틀거리게 될 것이다.

이러한 주정부 차원의 예산 삭감은 잔인한 사소한 일들부터 당황하여 저지른 큰 일들에 이르기까지 영향을 미치고 있다. — 예컨대 남캐롤라이나주(South Carolina)는 미성년 재판소 프로그램 예산을 삭감한 결과 미성년 범법자들을 감호소(監護所)에서 형무소로 보내도록 강요하고 있고, 캘리포니아주의 지출을 관장하는 한 위원회는 모든 건설공사 경비 지출을 6개월 동안 동결시켰다.

… 경제가 지금 수축되고 있는 것은 사실이다. 그러나 그것은 사기업 분야에서의 지출 감소의 결과이다. 여기에다가 정부의 공공지출까지 삭감하여 문제를 가중시킨다는 것은 참으로 이치에 맞지 않는 일이다. 당장 취해야 할 최우선 과제는 50명의 허버트 후버같은 사람들(즉, 주 지사들)의 공격을 물리치고, 주정부의 재정

문제가 경제위기를 더욱 악화시키지 못하도록 확실한 조처를 취하
는 것이다.”

사태를 극적으로 묘사하는 크루그먼 특유의 재능 말고도, 위의 문장
은 인상적이다. 그 이유는 후버의 재정정책에 대하여 실제로 거짓말을
하지 않고서는 더 이상 엉터리 설명을 하기가 어려울 것이기 때문이다.
첫째로, 후버는 1932년에 예산의 수지균형(收支均衡)을 맞추지 않았다.—
아니 그 근처에도 못 갔다.— 1933회계연도(1932년 7월 1일부터 1933년
6월 30일까지)에 연방정부의 재정적자는 26억 달러에 달했다. 지금 사
람들의 귀에는 별로 큰 숫자로 들리지 않을 것이다. 헨리 폴슨(Henry
Paulson: 골드만삭스 회장. [아들]부시 대통령 때의 재무장관)이 조찬 회동
때 은행가들에게 뿌린 돈만 해도 이보다는 많았다. 그러나 후버의 적자
는 재정수입이 20억 달러일 때 재정지출을 46억 달러나 한 결과이다. 따
라서 재정수입에 대한 비율
로 보면 — 폴 크루그먼은 무
자비한 예산삭감이라고 회
고한다.— 후버의 과다지출
은 엄청난 규모였다. 어디
한 번 비교해 보자. 후버가
인색을 떨었다고 하는 해에
그가 과다지출 한 것만큼을
오늘날에 비례적으로 지출
하려면 2007회계년도의 연
방정부 적자는 3조 3천억 달
러(그 해의 실제 적자는

이 책 읽어 봤나요?
*America's Great
Depression*, Murrray N.
Rothbard, Fifth Edition (USA: The Ludwig
von Mises Institute, 2008)

*Out of Work: Unemployment and
Government in Twentieth—Century
America*, Richard K. Vedder and Lowell E.
Gallaway (New York: New York University
Press, 1977)

The Memoirs Herbert Hoover (New
York: The Macmillan Company, 1952)

1,620억 달러였다)가 되어야 할 것이다.

그러나 우리는 마술사같은 폴 크루그먼의 오도(誤導)에 대해 겨우 표면만 살짝 긁었을 뿐이다. 당시에 예산적자가 그렇게 컸던 유일한 이유는 (후버로 하여금 세금을 인상시키게 하고 1933회계년도의 예산을 삭감시키도록 한 이유는) 후버가 대통령에 취임한 후 첫 2년간은 케인즈 학파의 모범생처럼 행동했기 때문이다. '광란의 20년대'에는 연방정부는 해마다 예산흑자를 기록했는데 그것은 멜론의 과감한 세금삭감과 대량 국채회수를 정당화하는 데 사용되었다. (1차 세계대전 때 전비조달을 위해 거액의 국채를 발행한 후 연방정부는 채무를 갚아 나가서 그 잔고가 1919회계년도에는 255억 달러, 1930회계년도에는 162억 달러로 줄어들었다.) 후버가 취임할 때에는 7억 달러의 예산 흑자를 인계받았는데, 그것은 33억 달러에 불과했던 연방정부 연간 예산에 비추어 보면 엄청난 액수였다. 아래의 통계표는 캘빈 쿨리지의 10여 년간의 예산흑자(당시의 번영은 말할 것도 없고)를 넘겨받은 후버가 연방재정을 어떻게 했는지 보여준다.(주: 후버의 취임날짜가 1929년 3월 4일이므로 1930회계연

연방예산의 수입, 지출과 그것의 GDP에 대한 % 차이
(당시의 달러, 10억불) 흑자 (+), 적자 (−)

회계연도	수입	지 출	적자	GDP%
1929.6—1930.7	$4.1	$3.3	+$0.7	+0.8%
1930.7—1931.6	$3.1	$3.6	−0.5	−0.6%
1931.7—1932.6	$1.9	$4.7	−2.7	−4.0%
1932.7—1933.6	$2.0	$4.6	−2.6	−4.5%
1933.7—1934.6	$3.0	$6.5	−3.6	−5.9%

자료: The American Presidency Project

도를 캘빈 쿨리지에게 돌리는 것이 더 합당하다).

폴 크루그먼의 인상적 설명과는 반대로, 위의 통계표는 후버가 주식시장의 폭락에 대처하기 위하여 재임 첫 2년간 예산을 42%나 폭발적으로 증가시켜 정부지출을 대폭 늘려 왔음을 보여준다. 이 엄청난 재정지출의 급증은 재정수입이 붕괴되는 와중에 벌어졌다(경제활동의 쇠퇴와 가격 하락으로 인하여).

주식시장이 대폭락한 직후, 후버와 멜론은 1929 세금연도에 적용될 임시세율을 1포인트 내려서 대응했다. 따라서 후버의 상황 대처는 "총수요(aggregate demand)" 붕괴에 대한 케인즈 이론의 교과서대로 한 것이었다.

결국 후버도 사태를 눈치 채고 (당시로는) 전례가 없는 평화시의 재정적자를 다스려 보려고 시도했다. 그러나 이것도 "경기부양책(stimulus)"이 참담하게 실패한 뒤에서야 한 일이다. 1932년에 후버가 케인즈이론의 교과서에서 말한 처방을 포기했을 때에는, 실업률은 이미 20%를 상회하고 있었다. 물론 크루그먼은 이것은 단지 당시의 사태가 얼마나 심각했는지, 그리고 후버가 비록 전례 없는 지출을 하기는 했지만 그 이상으로 과감한 적자 지출을 단행하지 못했기 때문이라고 주장할 수도 있을 것이다.

후버와 마찬가지로 크루그먼도 1930년 초 대공황에 대처하기 위한 연방정부의 전례 없는 개입이 대공황을 전례 없이 가혹하게 만든 원인이었음을 분명하게 설명하지 못했다.

미국 역사상 과거의 공황 기간에도 예산을 의식하는 정치인들은 조세 수입의 감소에 대한 반응으로 지출을 삭감했다. 그들도 사실은 크루그먼이 후버 대통령의 기록을 그릇되게 묘사한 그런 방식으로 처신했다. 하지만 대부분의 미국인들은, 모든 사람들이 알고 있듯이, "후버는 대공황에 대처하기 위해 한 일이 아무 것도 없다"는 식으로 당시의 공황

과 그 당시의 어느 대통령을
연계시키지는 못한다.

후버의 고임금 정책을 검
토할 때, 그가 연방정부 예
산을 크게 늘린 정책을 우
드로 윌슨 말기에 발생한

> ✦ ✦ ✦ ✦ ✦ ✦ ✦
>
> ### 생활 속의 경제
>
> 사람들이 필수품을 제외한 것에 대
> 한 지출을 하지 않는 공황 때에는 정부
> 도 마찬가지로 그렇게 해야 한다.

공황과 대조해 보는 것이 유익할 것이다. 1차대전이 종결됨으로써 미국
정부는 1919회계연도의 예산을 185억 달러에서 1년 후에는 64억 달러로
줄였다. 미국경제가 1920년대로 들어서자 공황 국면으로 접어들면서 재
정수입이 감소되었다. 윌슨 행정부는 이에 대한 대응으로 재정지출을
더욱 줄여서 1921회계연도에 50억 달러까지 줄이고, 그 다음 해에는 1
년 예산의 34%를 삭감하여 33억 달러로 줄였다.(회계연도와 달력의 불
일치로 1922회계년도 예산이 윌슨과 관련된 것인지 하딩과 관련된 것인
지는 토론의 여지가 있다.)

그러면 이 두 가지 전략은 어떻게 되는가? 우리는 이미 후버가 만 2
년간 케인즈의 이론을 따라서 경기부양책을 실시한 후 20%를 상회하는
실업률에 직면했다는 사실을 알고 있다. 이와 반면에 윌슨/하딩은 크루
그먼에게는 악몽 같은 존재였다. 그들은 한창 심각한 공황을 겪고 있을
때 연방정부 소비를 론 폴(Ron Paul: 전 텍사스주 하원위원, 3번 대통령에 입
후보)조차도 겁에 질릴 정도로 사정없이 삭감했던 것이다. 그러나 우리
가 이미 알고 있는 것처럼, 1921년의 실업률은 11.7%까지 올라간 후 큰
폭으로 떨어지기 시작했다. 궁지에 몰린 후버가 엄청난 재정적자를 억
제하려고 결정한 (또는 시도해 보려고 한) 바로 그 지점에서 하딩의 공
황은 끝이 났다.

공정하게 말해서, 사회과학 분야에서는 제대로 통제되는 실험은 있

을 수 없다는 사실을 우리는 인정해야 한다. 이론적으로는 크루그먼의 역사 해석이 옳을 수도 있다. 그는 아마도 1920~21년의 공황은 정부지출의 막대한 삭감으로 악화(또는 아마도 원인이) 되었다고 주장할 것이다. 또한 1931에는 실업률이 40%까지 올라갔을 텐데 후버의 재정적자 지출이 그것을 방지했다고 주장할 수도 있을 것이다.

그러나 '오캄의 면도날 원리'(Principle of Occam's Razor: 14세기 영국 프란시스코 수도사 오캄이 발전시킨 이론으로, 무언가를 설명할 때에 불필요하게 복잡한 가정이나 가설을 제시하거나 생각하지 말아야 한다는 것으로, 이를 '절약의 원리'라고도 한다)'는 우리에게 최신 유행하는 케인즈 학파의 처방이 참담한 실패로 드러난 반면에, 구학파의 현명한 경제이론은 옳았다고 가장 명료하게 대답해 주고 있다. (쿨리지는 미국 역사상 최대 번영의 10여년 간 재정을 담당했는데, 연방정부 지출은 그만한 가치가 있음에도 불구하고 33억 달러를 초과하지 못하게 했다). 개인 누구나 필수적인 지출 이외의 지출은 삼가야 하는 공황 중에는 정부도 마찬가지로 그렇게 해야 한다. 하딩/쿨리지 행정부의 경험이 우리에게 상기시키는 점은, 미국인들은 정부를 하나의 (거대한) 기업으로 보고, 전시 같은 비상시국에는 빚을 질 수도 있지만, 나중에 그 빚을 다 갚아야 하는 것이 재정상의 의무라고 생각한다는 것이다. 오늘날에는 이런 소리가 기이하게 들리는데, 그 이유는, 허리띠를 졸라매야 할 시기에 술 취한 선원처럼 지출하는 것이 정부의 의무라고 한 케인즈식의 논리에 대중들이 세뇌되어 있기 때문이다.

그러나 우리는 아직도 크루그먼의 에세이가 제공한 후버에 대한 잘못된 인상을 뒤집지는 못했다.(후버가 대통령으로 있던 시대상을 정확히 서술하려고 고심하는 이들에겐 그의 간략한 특집 기사는 아주 썩 좋은 "일자리 창출(make—work)" 프로그램이다. 우리는 이제, 주식시장 대폭락에 대한 후버 대통령의 초기 대응책은 연방정부의 지출(그리고 재정적자)을 폭발적으로 늘린 것인데, 이 전략은 끔찍한 결과를 낳았으며, 동일한 시간구조(time frame)로 볼 때, 미국의 이전의 모든 공황을 물리친 고전적인 '허리띠 졸라매기' 전략과는 뚜렷이 대비되는 것임을 알게 되었다.

그렇다 하더라도, 1932년의 후버의 심경 변화가 사태를 악화시켰음을 크루그먼은 왜 정확히 지적할 수 없었을까? 결국 앞의 도표가 보여주듯이, 연방적자는 1932회계연도에서 1933회계연도로 가면서 약간 줄어들었는데도, 경제는 같은 기간에 대공황의 바닥을 쳤던 것이다. 1932년에 후버가 갑자기 연방정부의 빚 걱정을 하게 된 것은 분명히 나쁜 발상이 아니었는가?

미국 경제사상 최악의 상황에서 발생한 사태를 정확히 묘사하기 위해서는, 후버가 균형예산을 유지하기 위해 과연 얼마나 고심했는지 살펴보아야 한다.

크루그먼의 속단으로는, 그것은 전부 (냉정한) 예산 삭감 때문이라는 인상을 준다. 그러나 그와는 반대로, 1932~1933회계년도 간에 연방예산은 6천 1백만 달러가 삭감되었지만(1.3%), 연방수입은 7천3백만 달러 증가했다(3.8%). 따라서 (거대) 적자의 약간의 감소는 다만 45%만 예산 삭감으로 인한 것이고, 나머지 55%는 납세자를 더 쥐어짠 것이다. 재미있는 사실은, 크루그먼이, 후버가 수지균형을 맞춰 보려고 애를 쓰면서 재정지출을 줄인 것 이상으로 세금을 올렸다는 사실은 언급하지 않았다는 점이다.

실제 사정은 더 나빠진다. 위의 숫자를 보면, 후버가 재정적자를 해결하려고 세금 인상과 예산 삭감을 같게 하려고 노력했다는 인상을 주

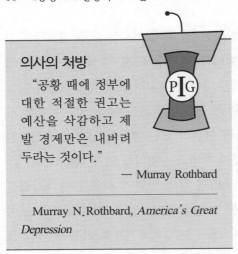

의사의 처방

"공황 때에 정부에 대한 적절한 권고는 예산을 삭감하고 제 발 경제만은 내버려 두라는 것이다."

— Murray Rothbard

Murray N.Rothbard, *America's Great Depression*

는데, 이것은 완전히 틀린 것이다. 위스키에 물품세를 4% 올려서 가외로 몇 포인트의 수입이 조금씩 들어온 것처럼 보이지만, 그렇지 않다. 오히려 후버는 각종 세금을 대폭 인상하는 법안에 서명했다. 아마도 조세수입이 천정부지로 뛸 것을 기대했을 것이다. 그러나 '래퍼커브(Laffer Curve)' 효과 — 세금을 올리면 그 대신에 세원(稅源)의 기반 축소로 인해 세금 징수액 증가는 훨씬 줄어드는 효과 —로 인해 재무성의 수입은 별로 크지 않았다.

후버의 세금 인상은 실로 놀라운 일이었다. 번영을 누리는 시기에 대통령이 세금을 더 부과한다는 것은 터무니없는 일인데, 그런데도 후버는 그렇게 하였다. 그러니 이런 결정을 내린 직후부터의 기간이 미국 경제사상 최악의 시기가 되었던 것은 전혀 이상할 게 없다. 로쓰바드(Rothbard)는 이렇게 기술하고 있다:

"재무장관으로서의 마지막 작품으로 멜론은 1931년 12월에 개인소득세, 재산세, 판매세와 우편요금 등을 포함한 세금을 대폭 인상했다. 멜론과 후버의 방침에 따라 미 의회는 1932년에 세법(Revenue Act)을 통과시켰는데, 이는 평화시의 미국 역사상 최고로 세금을 많이 올린 입법이 되었다. 세금 인상폭은 굉장히 컸다. 여러 가지 전시(戰時) 재산세가 되살아나고, 휘발유, 타이어, 자동차, 전력, 몰트(Malt: 맥아. 맥주 원료), 화장실 용품, 모피, 보석 등 기타 물품에는 판매세가 부과되고, 입장료와 주식양도세가 인상되고, 은행수표, 공채 양도, 전신전화, 라디오 메시지에도 새로운 세금이 부과되었다. 개인소득세는 다음과 같이 대폭 인상되었다. 즉, 정상적 납세 계층은 원래의 납세구간 1.5%에서 5%까지— 새로운 납세 구간에서는 4%까지 − 는 8% 올리면서 개인 공제액은 크게 축소되고, 25%의 소득공제도 취소되었다. 부가세는 최고 25%부터 고소득에 대해서는 63%까지 엄청나게 올랐다. 게다가 법인세는 12%에서 13.75(=13 3/4)%로 인상되고, 소규모 회사에 대한 공제액은 없어졌다. 재산세는 2배로 늘어나고, 공제 범위는 반으로 줄어들었다. 없어졌던 증여세를 부활시켜서 최고 33 1/3(=33. 33)%까지 누진적으로 인상시켰다."

폴 크루그먼이 정치인들에게 허버트 후버의 재정 실책을 반복해서는 안 된다고 경고했던 것은 잘한 일이다. 후버가 보여준 것은, 연방정부의 거대한 재정지출 증가는 경제를 공황에서 구할 수 없으며, 더구나 세금의 대폭 인상은 설상가상 병 주고 약 주는 격이다. 독자들의 지루함을 무릅쓰고, 재무장관 멜론은 1920년대에 정 반대의 정책을 추구한 결과 번영을 가져왔다는 사실을 다시 한 번 지적해 둔다.

✳ ✳ ✳ ✳ ✳ ✳ ✳ ✳

프랭클린 루즈벨트가 옳았다면, 그는 과연 무엇을 했는가?

1932년의 대통령 선거전에서 루즈벨트는 반대편 후보의 소비 정책을 신랄하게 꼬집었다. 그는 후버 정부를 가리켜 "나는 후버 정부의 통계자료에서 평화 시에 때와 장소를 가리지 않고 가장 무모하게 낭비한 과거를 발견했다."

버트 폴섬(Burt Folsom), *New Deal or Raw Deal*, 40.에서 인용

연방 소득세 세율 비교

연방세율표(1931년) (부부 합산)			연방세율표(1932년) (부부 합산)		
세율	이상	미만	세율	이상	미만
1.5%	$0	$4,000	4.0%	$0	$4,000
3.0%	$4,000	$8,000	8.0%	$4,000	$6,000
5.0%	$8,000	$10,000	9.0%	$6,000	$10,000
6.0%	$10,000	$14,000	10.0%	$10,000	$12,000
7.0%	$14,000	$16,000	11.0%	$12,000	$14,000
8.0%	$16,000	$18,000	12.0%	$14,000	$16,000
9.0%	$18,000	$20,000	13.0%	$16,000	$18,000
10.0%	$20,000	$22,000	14.0%	$18,000	$20,000
11.0%	$22,000	$24,000	16.0%	$20,000	$22,000
12.0%	$24,000	$28,000	17.0%	$22,000	$24,000
5.1%	$28,000	$32,000	18.0%	$24,000	$26,000
14.0%	$32,000	$36,000	19.0%	$26,000	$28,000
15.0%	$36,000	$40,000	20.0%	$28,000	$30,000
16.0%	$40,000	$44,000	21.0%	$30,000	$32,000
17.0%	$44,000	$48,000	23.0%	$32,000	$36,000
18.0%	$48,000	$52,000	24.0%	$36,000	$38,000
19.0%	$52,000	$56,000	25.0%	$38,000	$40,000
20.0%	$56,000	$60,000	26.0%	$40,000	$42,000
21.0%	$60,000	$64,000	27.0%	$42,000	$44,000
22.0%	$64,000	$70,000	28.0%	$44,000	$46,000
23.0%	$70,000	$80,000	29.0%	$46,000	$48,000
24.0%	$80,000	$100,000	30.0%	$48,000	$50,000
25.0%	$100,000	–	31.0%	$50,000	$52,000
			32.0%	$52,000	$54,000
			33.0%	$54,000	$56,000
			34.0%	$56,000	$58,000
			35.0%	$58,000	$60,000
			36.0%	$60,000	$62,000
			37.0%	$62,000	$64,000
			38.0%	$64,000	$66,000

연방 소득세 세율 비교(전 도표의 계속)

연방세율표(1931년)(계속) (부부 합산)			연방세율표(1932년)(계속) (부부 합산)		
세율	이상	미만	세율	이상	미만
			39.0%	$66,000	$68,000
			40.0%	$68,000	$70,000
			41.0%	$70,000	$72,000
			42.0%	$72,000	$74,000
			43.0%	$74,000	$76,000
			44.0%	$76,000	$78,000
			45.0%	$78,000	$80,000
			46.0%	$80,000	$82,000
			47.0%	$82,000	$84,000
			48.0%	$84,000	$86,000
			49.0%	$86,000	$88,000
			50.0%	$88,000	$90,000
			51.0%	$90,000	$92,000
			52.0%	$92,000	$94,000
			53.0%	$94,000	$96,000
			54.0%	$96,000	$98,000
			55.0%	$98,000	$100,000
			56.0%	$100,000	$150,000
			57.0%	$150,000	$200,000
			58.0%	$200,000	$300,000
			59.0%	$300,000	$400,000
			60.0%	$400,000	$500,000
			61.0%	$500,000	$750,000
			62.0%	$750,000	$1,000,000
			63.0%	$1,000,000	

Source: Tax Foundation

대공황을 더욱 악화시킨 4단계: 작은 뉴딜정책

우리는 허버트 후버가 대부분의 현대 미국인들이 그의 특성으로 여기는 자유방임 정책으로부터 어떻게 극적으로 이탈하는지를 보았다. 그러나 몹시 아이러니컬한 것은, 대공황을 극복하려는 그의 전략은 소위 "우리를 대공황으로부터 구해냈다"고 하는 프랭클린 루즈벨트의 뉴딜정책과, 비록 축소된 모양이지만, 매우 비슷하다는 것이다. 약간의 특기할만한 예외도 있지만(예컨대 금본위제도에 관한 그들의 입장 같은 것), 루즈벨트의 경기회복 정책은 '허버트 후버의 복사판'이라고 부를 만하다. 후버의 농가지원 정책, 공공토목공사 경비, '부흥 금융공사' 등은 — 후버의 작은 뉴딜정책의 일부에 불과하지만 — 이 점을 보여주기에 충분하다.

머레이 로쓰바드(Murray Rothbard)는, 만약 우리가 겉의 '라벨'을 보지 않고 그 내용을 들여다본다면, 농업에 대한 정부 개입의 "뉴딜(New Deal)" 프로그램은 루즈벨트 정권 때가 아니라 허버트 후버 정권 때 시작되었다고 말하는 것이 공정한 판단일 수 있다고 주장한다. 후버는 정치인으로서의 생애 전반을 통하여 농업계를 지원해 왔고, 첫 대통령 선거운동 때에는 가격 지원 프로그램을 공약으로 내세웠다. (대통령 취임 3개월 후인) 1929년 6월에는 연방농업국(FFB: Federal Farm Board)을 신설하여 선거 공약을 실천했다. 연방농업국은 농가협동조합에 저금리 대출을 해주기 위해 처음에 5억 달러를 배정받았으며, (신설된 공사를 통해) 잉여농산물은 시장을 거치지 않고 직접 구매함으로써 농산물 가격을 높게 유지할 수 있는 권한을 확보했다.(후버는 1930년 봄에는 1억 달러를 추가로 더 확보했다.)

흔히 그렇듯이, 조세로 거둬들인 달러를 문제 해결에 쏟아 부었지만 사태를 악화시켰을 뿐이다. 시장경제 체제에서는 어느 특정 생산업자가, 비록 보살펴주어야 할 농부일지라도, 생계를 유지할 수 없다면, 그것은 같은 직업 분야에 너무 많은 사람들이 종사하고 있음을 뜻한다. 몰인정한 말로 들릴

> ✲ ✲ ✲ ✲ ✲ ✲ ✲
> ### 좋은 충고
> 거창한 공공건설 사업 프로그램을 위한 국채의 남발은 "국가를 공황으로부터 다시 구출하기 위해서 사기업체들이 원하는 자본금의 공급을 심각하게, 그리고 아마도 위험하게 침해하고 있다."
> —1932년, 메트로폴리탄 생명보험 회사, 경제학자 William A. Berridge.
>
> Murray N. Rothbard, *America's Great Depression,* 293

지 모르지만, 불충분한 농가수입 문제를 지속적으로 해결할 수 있는 유일한 길은 가장 비효율적인 농부들을 전업(轉業)시키는 것이다. 그러나 정부가 공약하고 실제로 이루어졌던 정부의 "지원(support)"은 이러한 한계 생산자들로 하여금 근근이 살아갈 수 있도록 해주었고, 그리하여 정부 보조금을 받는 농산물의 과잉생산을 초래했다.(이것은 후버와 그의 동조자들의 믿음, 즉 대공황은 전반적인 과잉생산 때문이라는 믿음과는 다른 것이다. 연방농업국(FFB)이 농업분야에 지나치게 많은 자원을 투입한 결과 농산물의 과잉생산과 다른 산업분야의 과소생산을 초래했다). "비싸게 사서 싸게 파는" 정책은 세금만 낭비하고, 정부의 가격보조는 정부 소유의 곡물 저장 '시설(silos)'에 재고만 계속 쌓아가는 것임을 인식하고, 연방농업국은 그 "논리적" 후속 조치로 생산 제한을 명하기에 이르렀다.(그것도 가격보조 정책을 유지해 가면서!)

로쓰바드는 경제 법칙을 뒤집으려는 이러한 시책의 결과를 설명한다:

"늘어나는 잉여농산물과 그것이 농산물 가격에 미치는 더욱 커

지는 압력에 직면하여 … 연방농업국(FFB)은 목화 농가에게 목화 재배면적을 줄이도록 권고했다. 연방농업국의 스톤(Stone) 국장은 면화 재배가 주된 산업이 되어 있는 주의 주지사들에게 "즉시 동원 가능한 유관기관들을 총동원하여 현재 자라고 있는 목화밭의 1/3을 당장 갈아엎으라고 강요했다."

이러한 지시는 이를 반대하는 자들의 분노를 자아냈는데, 〈뉴욕 타임즈〉는 이런 처사를 "여태 관청에서 나온 지시들 중에 가장 미친 것"이라고 혹평했다. 그러한 제안이 성공할 리가 없었다. 사실 1931년에는 면화생산량이 상당히 많았다. 연방농업국은 1932년 초에 영웅적인 조처를 시도하여, 농업국이 보유하고 있는 1천3백만 개의 면화 베일(bale : 꾸러미, 운반용 곤포(梱包))과 함께 남부지역 은행들이 보유하고 있는 면화 전부(3백5십만 베일)를 시장에 출고하지 않고 보류하기로 동의를 받아냈다. 한편으로 협동조합이 보유하고 있는 2백10만 베일에 대해서는 계속 자금지원을 했다. 그리하여 1932년 6월까지는 가격을 유지했으나, 6월에 가서 가격이 다시 엄청나게 떨어졌다. 7월에 농업국은 가격 안정화를 위해 1억2천7백만 달러 상당의 면화를 사들였는데, 그것의 반 이상을 손해 보았다. 그 결과 "면화가격안정공사"가 가격안정화 시도를 포기하지 않을 수 없게 되었다. 그리하여 1932년 8월에는 보유하고 있던 면화를 처분하기 시작하여 1년 내에 완전히 다 처분하였다. 면화로 인한 순손실은 1천6백만 달러였지만, 거기에다 적십자사에 기부한 것도 7천8백만 달러어치의 면화 85만 베일이나 된다."

농업에 대한 후한 보조금과 생산제한만이 후버의 작은 뉴딜정책의 유일한 구성 요소는 아니다. 이쯤해서, 독자들은 주식시장이 폭락한 지 1주일 만에 후버가 공공토목공사 지출을 대대적으로 늘리는 데 앞장섰다는 사실을 알고도 별로 놀라지 않을 것이다. 그는 1929년 11월 23일에 모든 주지사들에게 전문을 보내어, 그들의 협조를 받아 주정부 차원에서도 지출을 늘리도록 했다. 연방정부 차원에서는 의회에 요청하여 연방정부청사 건설 계획에 4억 달러 이상의 예산을 확보하고, 또 항만해운국의 공공토목건설 사업을 위하여 추가로 1억7천5백만 달러를 요청했다. 후버는 이 모든 일을 연말이 되기 전에 해내어서, 컬럼비아대학 경제학 교수 클라크(J.M. Clark)는 후버 대통령을 "고상하고 유망한 정치인의 건설적이고 사업가다운 정치적 수완이 위대한 시험대에 올랐다"고 칭송했다.

1930년 7월, 의회는 9억1천5백만 달러나 되는 엄청난 공공건설사업을 인준했는데,

오바마처럼 들리네

"우리는 아무것도 할 수 없었을 수도 있었어요. 그랬더라면 우리는 완전히 거덜났을 겁니다. 대신 우리는 공화국 역사상 가장 거창한 경제적 방어와 반격 프로그램을 사기업과 의회에 제안하여 사태를 정면 돌파했지요. 우리는 행동을 취했습니다."

— 허버트 후버의 1932년 공화당 대통령 후보 수락 연설

M.N. Rothbard, *America's Great Depression*, 321.

그것을 2007년의 현재 화폐가치로 환산하면 1,490억 달러에 해당하는 액수이다. 로쓰바드는 자기 책에서, 노년에 들어선 후버가 "4년간 그의 행정부가 시행한 전체 공공토목 공사는 지난 30년간에 이루어진 건설공사 전부를 합친 것보다 더 컸다고 자랑스럽게 지적했다. 그리고 이 기간 동안에 존스 비치, 샌프란시스코 만의 다리, 로스앤젤레스의 수도교(水道橋), 보울더(Boulder)의 후버 댐의 건설 공사를 추진한 것을 자신의 공으로 돌리고 있다."라고 적었다.

　　이제 우리는 후버의 '작은 뉴딜' 정책 케이스에 대한 증거물을 검증하기에 이르렀다. 즉, 부흥금융공사(Reconstruction Finance Corporation)가 바로 그것이다. 미국의 대학 4년생 100명에게 이런 질문을 한다고 가정해 보자: "1930년대에 '부흥금융공사'를 설립하여 운영을 시작한 지 5개월 만에 부실한 은행과 철도회사를 지원해 주기 위해 10억 달러를 빌려 준 대통령이 누구냐?"라고 묻는다면, "허버트 후버"라고 대답할 사람은 아무도 없을 것이다.

　　1932년 초에 설립된 부흥금융공사(RFC)는 후버의 경제회복 계획에서 중요한 항목이었다. 그 해에 23억 달러까지 융자 한도를 확대했고 15억 달러를 현금으로 지출했다. 그 프로그램은 자체 결함도 있었지만, 후버가 애정을 가진 프로그램에 종사하는 자들의 부패로 인하여 더욱 악화되었는데, 그러한 부패는 거의 불가피한 것이었다. 역사가 버트 폴섬(Burt Folsom)은 이렇게 지적했다:

　　　"후버가 납세자의 돈 15억 달러를 가지고 정부 특별융자의 수
　　　혜자와 탈락자를 선별할 때 그 과정은 곧바로 그리고 불가피하게
　　　정치화 되었다. 정치적으로 "연줄"이 좋은 자들은 맨 앞줄에 설 수
　　　있었다. 예컨대 공화당 전국위원회의 재무담당자는 클리블랜드에

있는 자기 은행을 위하여 1천4백만 달러를 빌려갔다. 제일 나쁜 케이스의 하나는, 부흥금융공사의 총재인 찰스 도스(Charles Dawes: 전 공화당 부통령)가 시카고에 있는 자신의 은행을 위하여 9천만 달러를 융자받기 위해 당 공사의 총재 자리를 잽싸게 내 놓았던 것이다. 따라서 후버 행정부는 의혹에 찬 경제적 결정이라는 진흙탕에 빠진 결과 1932년의 대통령 선거 유세 당시 루즈벨트에 대하여 신뢰성 있는 공세를 취할 수 없었다."

허버트 후버: 큰 정부 신봉자

허버트 후버가 작은 정부의 강력한 옹호자였다는 생각은 전혀 사실이 아니다. (특정 방면에서 작은 정부를 지향한 사람이었다는 것에 대해 그의 자유주의 비평가들은 입을 다물고 있다. 즉, 그는 국방비와 군사개입 비용에서는 최소화를 원했다). 후버는 의식적으로 또는 자랑스럽게 자유방임주의 경제학자와 전임 대통령 어느 누구와의 관련도 끊었으며, 미국 역사상 평화시의 정부를 최대로 확장시켰다. (적어도 그 시점까지). 그는 공황 중에도 근로자들을 도와주기 위해 임금을 높게 유지시켰으며, 그 결과 역사상 노동시장에 최대 규모의 공급과잉을 유발시켰다. — 이는 어떤 유능한 경제학자도 예측하지 못한 일이다.

그러면 후버 대통령이 자유방임주의자였다는 거짓 신화는 어디에서 온 것인가? 처음부터 끝까지 조작된 것인가?

사실 그렇지 않다. 1932년의 대통령 선거운동 때 후보자들 중에 허버트 후버는 누구보다도 진실한 "보수주의적" 후보였다. 그의 정적은 파시스트(fascist: 수없이 남발된 이 용어를 나는 순전히 경제학적 정의대로 쓴다)였으므로 증명할 도리는 없지만, 후버는 나라가 만약 카리스마가 있는 루즈벨트의 계획대로 따라가게 되면 어떻게 될지 두려웠다. 그가 집권 기간에 연방정부가 나서서 실업자들을 직접 구제하라는 요구를 거부하고, 그 대신 지방정부나 자발적인 자선기관들이 궁핍한 사람들을 도와주는 방법을 더 좋아했다는 것은 사실이다.

그의 회고록을 읽어 보면, 후버는 — 대법원을 자기 사람들로 꽉 채우려고 했던 루즈벨트와는 달리 — 연방제도가 "뭔가를 해보려는"(그가 취임하자마자 주식시장의 거품을 가라앉히려고 한 것 등) 그의 노력을 구속한다고 느끼면서 미국 헌법의 한계점을 심각하게 인식하였음을 알 수 있다. 끝으로, 현대판 후버 비평가들이, 후버는 다른 정책의 목표들을 금본위 제도의 유지에 종속시키고 있다고 — 채권자나 달러 소유자

후버가 있는데 누가 케인스를 원해?

"나는 이 나라의 실업계를 향하여 우리나라를 붕괴시키려는 힘에 대항하기 위해 공동의 건설적인 행동을 취하기를 호소하는 것이, 비록 이렇게 한 전례가 없었지만, 나의 의무라고 판단했습니다. 실업계와 은행계, 노동계와 정부가 이전에 시도되었던 것보다 더 광범위한 완화 대책을 위해 서로 협력해 왔습니다.… 우리의 주요 기업들은 임금 수준을 유지하고, 일자리를 나누고, 대형 건설공사를 추진하였습니다. 정부는 공공건설사업을 확대하고, 농업 분야에 금융지원을 하고, 이민을 제한했습니다. 이러한 정책들은, 이런 시책이 없었을 경우보다, 더 높은 소비수준을 유지시켰습니다. 이러한 정책들이 대량의 실업사태를 방지하였던 것입니다. … 우리가 이번에 쌓은 경험은 미래에 보다 확장된 계획을 수립하는 데 있어 기초가 되어줄 것입니다."

— 1930년 10월, 허버트 후버가 미국금융연합회에서 한 연설

M.N. Rothbard, *America's Great Depression*, 244~45.

모두에 대한 미국정부(Uncle Sam)의 의무를 지키려고 했던 그의 의도는 확실히 그의 미덕이기는 하지만 — 비난한 점은 확실히 옳다.

진실을 말하자면, 허버트 후버는 역사 강의실에서 수없이 가르치고 있는 그런 독단적인 우익분자도 아니고 중도 성향의 계획 수립자도 아니다. 연방정부의 적절한 역할에 대한 그의 견해는 상당히 "현대화" 되어 있었다. 후버와 대조적으로, 루즈벨트 행정부 내에는 확실히 소련 모델을 인정하는 정말로 극단적인 인사들이 있었는데, 이는 후버 행정부에는 정말로 없었던 일이다.

기본적으로 후버의 세계관은 1933년 2월의 그의 서한에서 발췌한 다음의 글에 잘 요약되어 있다:

"우리는 조건 없이, 사기업이 주도하는 생산의 동기야말로 '풍요의 어머니'임이 밝혀졌다고 말할 수 있다. 물론 거기에도 과오는 있다. 왜냐하면 인간의 본성 자체가 무오류(無誤謬)가 아니기 때문이다. 그러나 생산의 지나친 확대와 생력화(省力化) 장비의 도입과 그에 대한 노동력의 조정이란 문제로 인해 어려운 문제가 발생하고 있다. 그러나 결과를 크게 보면, 이것은 생산체제의 실패와 뚜렷한 대조를 이루고 있다. 더 큰 규모의 예를 들자면, 그것은 바로 소련이다. 우리나라와 같이 풍부한 천연자원을 가진 나라에서 15년 동안 실험해본 결과 그 시스템으로는 어느 한 해도 인민들의 의식생활의 필요를 최소한으로도 충족시켜줄 만한 생산을 해본 적이 없다.

우리의 체제는 아무리 먼 시골 마을이나 골목길일지라도 생필품 일체를 공급한다. 매일 대도시 사람들을 규칙적이고 확실하게 먹이고 입히고 있으므로, 이 문제에 대해서는 어느 누구도 혹시나 하고 불안해하거나 염려하는 적이 없다. 상품과 서비스의 공급은 사회적 의미에서는 결함을 가질 수도 있을 것이다. 사회가 정상적으로 돌아가고 있을 때에도 1억 2천만 인구 중에서 몇 백만 명의 사람들은 성실하게 일하면서도 한 사회의 성실한 성원으로서 당연히 누려야 할 권리인 최소한의 상품과 서비스를 얻지 못하는 경우도 있다.

그러나 다른 한편에는, 그들이 노력한 것 이상의 대가를 받는 사람들도 수십만 명 있다. 그러나 세금이 이러한 문제들을 서둘러 교정하고 있다.… 우리 국민들의 사회적 의식이 확대됨에 따라서 이러한 결함을 수정하려는 충동이 일어나고 있다… 이것은 (시장경제) 체제를 파괴함으로써 얻어질 수 있는 것은 결코 아니다.”

제 3 장
구두쇠 같은 연방정부의 디플레 정책이
대공황의 원인이었나?

허버트 후버가 자유방임주의자라는 거짓 신화에 더하여 대공황의 또 하나 인기 있는 잘못된 이론은 연방준비은행이 아무 일도 하지 않았다고 비난하는 것이다. 아이러니컬한 것은, 이런 해석이 자유시장경제의 큰 정부 비판가들에게서 나오는 것이 아니라, 대신에 다른 사람도 아닌 밀튼 프리드먼(Milton Friedman)과 그를 추종하는 통화론자들로부터 나왔다는 것이다. 근대 케인즈학파 경제학자들이 정부에 대하여 "후버의 실책을 피하기 위해서는" 엄청난 재정적자를 일으켜야 한다고 역설하는 것과 마찬가지로, 현대의 통화론자들도 연준에 대하여 "대공황의 실책을 피하기 위해서는" 금융권에 거액의 지불준비금을 주입해야

맞는 말인가요?

🏠 물가가 내려가는 것은 호황의 신호일 수 있다.

🏠 1930년 이전의 공황 때는 더 심한 디플레이션이 있었다.

🏠 연준은 주식시장 폭락 후에 "저금리 정책"을 도입했다.

한다고 역설하고 있다.

후버가 자유방임주의자라는 거짓 신화와 연방준비은행이 아무 일도 하지 않았다는 거짓 신화 사이의 평행선이 현저하게 드러났다. 후버가 재정정책을 통하여 전례 없는 "경기부양책"을 실시했던 것처럼, 연준도 (1929년 주식시장이 폭락한 이후 즉시) 전례 없는 "저금리 정책"을 실시하였다. 엄청난 재정적자가 결국 후버로 하여금 정책 방향을 돌려서 세금을 인상시키도록 했기 때문에(1932년), 현대의 케인지안들은 후버가 충분히 재정적자 지출을 하지 않았다고 주장한다.

이와 비슷하게, 금의 국외 유출이 결국 연준으로 하여금 금융정책의 방향을 바꿔서 통화공급을 억제하였기 때문에(1931년 후반), 통화론자들은 연준이 통화량을 충분히 늘리지 않았다고 주장한다.

그러나 이 두 가지 경우에는 의문점이 있다. 만약에 재정적자와 저금리 정책이 맞는 처방이라면, 왜 전례 없는 재정적 금융적 처방을 2년간 썼는데도 대공황은 점점 더 악화되었는가?

독자들은 틀림없이 후버가 아무런 일도 하지 않았다는 거짓 신화가 오늘날 의회에 대한 더 많은 지출 요구에 힘을 실어주고 있음을 알고 있을 것이다. 그러나 독자들은 연준이 아무 일도 하지 않았다는 거짓 신화 역시 오늘날의 정책 입안자들에게 힘을 실어 주고 있다는 사실은 잘 모르고 있을 것이다. 사실 현 연방준비은행 이사회 의장직(chairman of Federal Reserve)을 맡기 전 당시 연준 이사였던 버냉키(Ben Bernanke)는 2002년에 밀튼 프리드먼의 생일 축사에서 이렇게 말했다: "연준의 공적 대표라는 직함을 약간 훼손하고라도 한 마디 하고 제 말을 마치겠습니다. 특히 대공황에 대해서 밀튼과 앤나(Anna Schwartz)에게 하고 싶은 말은 '우리가 그 일을 했으니 당신 말이 맞소. 그러나 당신 덕분에, 우리는 다시는 그 짓을 안 할 것이오.'"

일하지 않는 연준이라는 거짓 신화가 바로 근래의 재정위기에 대한 버냉키의 대응을 이끌어낸 것이다. 2008년 3개월간 연준은 연간 40만 (40,000)%가 넘는 증가율로 돈을 풀었다.(이것은, 또는 이와 조금이라도 비슷한 일은, 연준 사상 있어본 적이 없었던 일이다). 만약 프리드먼의 가설이 옳다면, 버냉키의 천문학적 유동성 투입은 올바른 조처라 할 수 있다. 그러나 만일 프리드먼이 대공황을 디플레이션이나 아무 일도 하지 않은 연준 탓이라고 한 것이 틀린 것으로 드러난다면, 미국 경제는 더욱 심각한 기록을 수립할 문턱에 있다.

프리드먼: 겁쟁이 연준과 1930년대의 디플레이션

밀튼 프리드먼과 안나 슈워츠(Anna Schwartz)는 1963년에 쓴 『미국 화폐사(A Monetary History of the United States)』라는 고전적 저서에서 그들의 이론을 전개했다. 그들의 주장은, 뉴욕 연방준비은행의 총재 벤자민 스트롱(Benjamin Strong)이야말로 그가 1928년에 죽을 때까지 연준 전체의 사실상 이사장으로서 매우 유능했는데, 그가 떠난 후 관료들의 내부 갈등과 무능으로 연준은 낭패를 겪게 되었다는 것이다. 프리드먼은 그의 역시 고전적 저서인 『선택의 자유(Free to Choose)』에서 일반 독자들을 위해 다음과 같이 요점을 정리했다:

"주식시장 폭락의 암울한 결과는 연준의 후속 조처에 의해 더욱 증폭되었다. 폭락 당시 뉴욕의 연준은 거의 벤자민 스트롱의 재임 기간에 주입된 조건반사식 행동으로 즉시 충격을 완화시키기 위해 정부 공채를 매입함으로써 은행의 지불준비금을 늘려 주는

조치를 취하였다. 이 조치로 상업은행들은 증권회사들에게 추가대
출을 해주고 그들과 주가폭락으로 타격을 입은 다른 기관들로부
터 유가증권을 매입함으로써 충격을 완화시킬 수 있도록 했다.

그러나 벤자민 스트롱이 죽자 연준 이사회는 전국 연준에 대한
지도력을 확립하고자 했다. 연준 이사회가 재빨리 뉴욕 연준에 대
해 (독자적으로 행동한 것에 대해) 징계를 내리려고 하자 뉴욕 연
준은 항복했다. 그리하여 연준 전체는 이전 1920년대의 경기침체
기간 동안 취했던 방침과는 다른 행동을 취하였다. 경기위축을 상
쇄하기 위해 평상시 액수보다 더 많은 통화를 적극적으로 공급하
는 대신에, 연준 전체는 1930년 내내 통화량을 서서히 줄여나가도
록 허용했다. 1930년 말부터 1933년 초까지는 통화량이 약 1/3 감
소되었던 것에 비해, 1930년 10월까지의 통화량의 감소는 단 2.6%
로 완만했던 것으로 보인다. 그러나 과거의 사례와 비교하면, 이것
도 상당히 큰 감소였다. 사실 그것은 과거 몇 번의 경기후퇴를 제
외하고는 이전의 어느 침체기 때보다 훨씬 큰 감소였다."

이것은 단지 전문 경제학자에게 국한된 기술적 토론이 아니라는 것
을 보여주기 위하여, 우리는 역사가이자 카토 연구원(Cato Institute)의 학
자인 짐 파우얼(Jim Powell)이, 뉴딜에 관한 프리드먼의 대중적이면서 홀
륭한 인기 저서에서 전개된 프리드먼의 이론을 지지한 점을 주목한다.
파우월은 프리드먼과 슈워츠가 1929년 8월 연준이 투기 붐을 억제하려
고 이자율을 올린 것에 대해 설명한 것을 인용한 후, 다음과 같이 기술
했다:

"1929년 10월의 주가폭락은 연준이 과도하게 손을 썼음을 분
명히 보여준다 … 한 가지 시책의 효과가 아직 분명치 않음을 깨

달을 겨를도 없이 중앙의 어느 성급한 은행가는 문제를 복합적으로 꼬이게 하여 경제 전체를 흔들어 놓고 말게 될 결정을 인가할 수 있었다.

　이러한 연준의 정책이 통화 축소를 가져왔다. 통화 축소가 더욱 심각해지자 그것은 생산, 고용, 소득의 공황을 초래했다. 다른 일은 전혀 일어나지 않았더라도 심각한 통화 축소로 인하여 공황은 오고 말았을 것이다.”

　이러한 설명의 문제점은, 파월이 (프리드먼을 따라서) 공황을 유발시킨 통화 수축을 허용한 연준을 비판하고 있는 바로 그 시점에, 주가폭락 후에 경제를 살리기 위하여 연준은 1930~1931년에 전례 없는 “저금리(easy money)” 정책을 채택하여 경기부양을 시도했다는 점이다. 더군다나 통화긴축에 대응하여 물가가 하락하는 것은 경제에 반드시 해로운 것만은 아니다.

　통화론자가 대공황의 대부분의 책임을 연준에 돌린 것은 옳다. 그러나 그 책임추궁의 이유가 틀렸다. 연준의 실책은 유동성을 너무 적게 공급한 데 있지 않고, 오히려 그 실책은 1920년대에 금융시장에 돈을 너무 많이 풀었고, 그런 다음, 주식시장이 폭락한 후에는 더욱 싼 이자로 부실기업들을 지원하려고 했던 것에 있다. 경제는 노동과 자본을 가장 효율적인 용도로 재배분함으로써 경기 후퇴 또는 공황으로부터 회복된다. 병든 기업체를 지원하는 것은 필요한 과정만 지연시킬 뿐, 결국은 경제의 취약한 점을 심화시켜 회복을 더디게 한다. 지폐 인쇄기가 부(富)를 창출하는 것은 아니다. 그것은 대통령의 초상이 그려져 있는 녹색의 종이뭉치만 만들어 낸다. 1930년대의 경제 수축은 연준이 이전에 부풀려 놓은 거품으로부터 회복하려는 경제체제의 시도인 것이다. 이처럼 늦어

진 단계에서 정부 당국의 바람직한 역할은 물러 서 있는 것이지 또다시
한바탕 흥청망청 지폐를 발행하여 뿌려대는 것이 아니다.

누가 물가하락을 두려워하는가?

우리는 모두 현재는 디플레이션(deflation)으로 (잘못) 알려진 물가 하
락을 두려워해야 한다고 배웠다. (인플레이션이란 말과 마찬가지로 디
플레이션의 정의 역시 시간이 지나면서 변했다: 원래 디플레이션은 통화
공급의 축소를 뜻하는데, 그것은 물론 물가를 내리는 경향이 있다.) 사
실 많은 미국인들은 공황이란 용어 자체에 "경제 활동의 심한 후퇴"보
다는 "물가 하락"이 포함된 것으로 생각했다. 왜냐하면, 대공황 때에는
물가가 떨어졌음을 기억하고 있기 때문이다. 그러므로 미국인들이
CNBC(미국의 경제전문 TV채널)가 대담의 주제로 디플레이션의 해악을
경고하고, 연준에게 안전을 기하기 위하여 시장에 새 돈을 왕창 풀어야
한다고 권고한 것을 옳다고 믿는 것은 놀랄 일이 아니다. 피터 번스타
인(Peter Bernstein)은 2000년대 초에 디플레이션에 대한 공포가 매우 심했
던 사실을 이렇게 회상한다.

"닷컴(dot.com: 하이텍/컴퓨터산업) 산업의 경기후퇴는 그렇게
심하지는 않았지만, 경제를 위태로운 디플레이션 국면으로 몰아넣
었다. CPI(소비자 물가지수)는 2001년에는 연율 3%로 상승했으나
2002년 초에 들어 1%로 떨어진 선에서 기어가고 있었다. 그린스
펀(Greenspan)과 공개시장위원회(Open Market Committee)는 1980년
대에 일본이 극적으로 보여준 참혹한 경험처럼, 디플레이션은 가
능한 최악의 결과라는 데 의견을 모았다. 소비자나 실업계의 경영

자들이 가격이 떨어질 것을 예상하게 되면 물품 구입을 최대한 늦출 것이다. 그러한 결정은 물가하락을 더욱 심화시킬 뿐이고, 그 추세를 역전시키기는 더욱 어렵다."

여기서 우리가 번스타인의 논평에 초점을 맞춘 것은 그 사람 하나만을 찍어서 비평하려는 것이 아니고, 그가 디플레이션에 대한 지배적인 관점을 간명하게 포착하였기 때문인데, 사실은 그것도 터무니없는 얘기이다.

우선 먼저, 번스타인이 실제로 주장한 것은, 디플레이션이 문제가 되는 것은 그것이 더욱 심한 디플레이션으로 끌고 가기 때문이라는 것이다. 그러나 우리가 먼저 디플레이션이 왜 나쁜지를 모르고 있는 한, 그것은 디플레이션에 대한 공격이 될 수 없다. 마약 헤로인은 복용할수록 더 많이 복용하도록 만드는데, 그 길을 쫓아가는 것은 분명히 좋지 않은 일이다. 그러나 클래식 음악을 듣는 것이 습관이 되면 더 자주 듣게 되는데, 그것은 아마 고상한 일일 것이다. 만일 독자가 우리의 지적을 경박하게 본다면, 이 점을 고려해 보라: 즉, 번스타인은 (그린스펀을 흉내내어) 인플레이션을 원하였다. 그러나 번스타인의 경고에 달려 있는 손잡이를 몇 번 비튼 후, 우리도 그 정도의 정당성이 있는 말을 할 수 있다. "일단 소비자와 실업계의 경영자들이 가격이 오를 것으로 예상하게 되면, 그들은 물품 구입을 최대한 빨리 하려고 할 것이며, 그러한 결정은 물가 상승을 더욱 심화시킬 뿐이고, 그 추세를 역전시키기는 더욱 어렵다." 번스타인이 디플레이션의 '블랙홀'을 보여주었다고 한다면, 우리는 바로 인플레이션의 '슈퍼노바(supernova: 초신성)'를 보여준 셈이다.

번스타인은, 인플레이션보다 디플레이션이 더 나쁜데 그 이유는 사

람들로 하여금 돈을 쓰도록 하는 것이 돈을 퇴장시켜 두도록 하는 것보
다 낫기 때문이라는 뻔한 대답을 할 수도 있을 것이다. 어쨌든, 모든 사
람들이 가격이 더 많이 떨어지기를 기다리면서 돈을 퇴장시켜 두고 있
다면 기업들은 그들의 생산물을 팔 수 없고, 또는 사람들을 계속 고용할
수 없다. 그러나 이 (전형적인) 주장은 너무 많은 것을 설명한다.

우리는 컴퓨터 산업을 예로 들어 이와 비슷한 주장을 할 수 있다. 컴
퓨터 산업에서는 정부가 운영체계와 처리속도의 개선을 늦추도록 규제
를 가하고 있다. 만약 컴퓨터 소비자가 빠른 모델이 나오기를 항상 기
다리고만 있다면, 어떻게 컴퓨터 제조업자들이 살아남을 수 있겠는가?
그리고 6개월이 지나면 고물이 되어버릴 랩탑(laptop)에 돈을 쓸 정도로
그렇게 어리석은 소비자는 또 어디 있겠는가?

물론 이 역설에 대한 해답은, 소비자가 기다릴 용의만 있으면 같은
성능의 컴퓨터를 돈을 덜 주고도 살 수 있음을 잘 알면서도 이를 악물
고 컴퓨터를 사기로 작정한다는 것이다. 그런 자명한 이치 때문에 컴퓨
터 소비자들이 컴퓨터를 전혀 사지 않는 것은 아니다. 왜냐하면, 그 말
처럼 하다가는 어느 누구도 결국 한 대의 컴퓨터도 사지 못하게 되고
말 것이기 때문이다. PC 산업의 특징은 항상 "디플레이션" 상태에 있다
는 것이다. 즉, 성능이 강화된 컴퓨터를 기다리고 있으면 언제나 더 저
렴해진 가격으로 살 수 있다는 것으로, 이는 이 산업이 건강하다는 증표
이지 병들었다는 것을 말하는 것은 아니다.

토론을 진전시키기 위해, 가격 하락은 많은 소비자들로 하여금 고가
상품의 구매를 지연시킨다는 점을 인정하자. 그러나 이 때문에 기업의
매출이 전반적으로 줄어들게 되는 것은 아니다. 가령 한 사람이 새 차
를 2만 달러에 살 계획을 세웠는데, 그 지역의 자동차 대리점이 너무 많

은 재고를 보유하고 있기 때문에 3개월만 기다리면 자기가 원하던 차를 1만9천 달러에 팔게 될 것으로 기대한다고 가정하자. 그가 90일을 참고 기다려서 1,000달러를 벌 수 있다면, 그것은 확실히 참고 기다려 볼만한 가치가 있는 일이다. 그러나 그가 2만 달러를 연리 5%의 정기예금증서 (CD)에 예치하여 3개월에 250달러의 이자수익을 얻는다면(20,000×0.05 ×3/12=250), 차 값 하락으로 얻게 될 1,000달러와 합쳐서 1,250달러를 얻을 수 있게 되므로, 그로서는 더 큰 이익이 된다.

이 예가 보여주듯이, 물가하락 자체는 화폐의 퇴장(hoarding)을 조장하는 것이 아니라 오히려 저축(saving)을 조장한다. 디플레이션에 겁을 먹은 많은 경제분석가들은 물가가 하락하는 환경에서는 방석 밑에 숨겨 놓은 현금이 정(正)의 수익을 가져다 준다고 강조한다. 이러한 관찰이 분명히 옳기는 하나, 그럼에도 불구하고 현금을 타인에게 빌려줌으로써 더 큰 수익을 얻을 수 있다. 그러므로 물가하락은 소비자들로 하여금 그들의 수입 중에서 더 많은 부분을 저축하도록 조장하는데, 그것은 다시 이자율을 내림으로써 기업들로 하여금 돈을 빌려서 더 많이 투자하도록 유도한다.

사실 소비자들이 고가 상품의 구매를 연기함으로써 자원을 해방시키면, 기업들은 자기들이 필요로 하는 비싼 물품(예컨대 새 복사기, 새 창고 등등)을 구입할 수 있게 된다. 소비자들이 제품 구매에 돈을 지출하지 않는데 왜 기업들은 돈을 빌려서 투자하는지 의아해 할 수도 있다. 그러나 우리가 다시 컴퓨터 산업으로 눈을 돌려본다면, 설령 물가하락이 지속되리라고 기대되더라도 어떤 시점에 이르면 소비자들은 다시 사기 시작할 것이다.(가격이 더 내려가기를 기다리면서 돈을 꼭 쥐고 있기만 하고 실제로 전혀 사지 않는다면 무슨 의미가 있겠나?) 반면에 물가 하락이 일시적인 현상이라고 생각되면, 소비자는 물가가 바닥을 칠 때 다시 사기 시작할 것이다. 둘 중에 어느 경우이든지, 디플레이션이란 사실 자체만으로 기업의 투자를 마비시키는 것은 아니다. 소비자들이 오늘 물건을 더 적게 사는 것은 장래에 더 많이 살 수 있도록 하기 위해서이다.

디플레이션의 해악으로 제시되는 마지막 한 가지 주장은 우리가 간단히 논파할 수 있는 것이다. 그 주장은 다음과 같다: 디플레이션이 진행되는 환경에서는 기업의 생존 자체가 이윤을 쥐어짜서 없애므로 생산이 정지되게 된다. 여하튼 기업은 제품 생산에 필요한 원자재를 구입하고 완제품에 마진을 붙여 팔아서 돈을 번다. 그러나 가격이 떨어지면 생산자의 마진은 없어지고, 그리하여 이윤은 손해로 바뀐다. 그리하여 손해를 보는 제품생산 과정에 자본을 묶어 두는 대신에 기업은 현금을 보유하고 있음으로써 정(正)의 "실질" 수익을 얻는 편을 택할 것이다.

여기에서의 문제는, 이 주장은 '사과와 오렌지를 뒤섞고 있다'(mix apples and oranges: 완전히 다른 종류의 두 가지를 같은 것으로 간주한다는 관용어)는 것이다.

설령 원자재와 완제품의 값 둘 다 계속 하락하고 있더라도, 생산업체는 그래도 완제품이 판매 시점에 회수해 올 대금보다 지금의 원자재 값이 더 저렴한 한 이익을 볼 수 있다.

앞으로 5년에 걸쳐 물가가 반으로 떨어진다고 가정해 보자. 예를 들어 2009년에 40달러에 팔리는 (5년짜리) 와인 한 병의 제조원가가 포도와 기타 모든 재료들을 합쳐서 원가가 10달러라고 하자. 2014년에 가서는 와인 값이 모두 반으로 내리더라도, 2014년에 5년짜리 와인 한 병을 20달러에 팔 준비를 하기 위해서는 2009년에 10달러를 주고 포도와 기타 재료들을 사야 한다. 2014년에 원재료 값이 5달러로 떨어진다고 해도 그것과는 상관이 없다. 와인을 만들기 위하여 포도를 사는 것이지 5년 동안 포도를 갖고 있다가 다시 포도를 팔려는 것은 아니기 때문이다. 와인 생산업자의 최초 10달러 투자는 — 이는 우리가 일관되게 커진 디플레이션을 반영하기 위해 임의의 숫자를 택한 것이지만, — 와인 한 병당 10달러의 이익을 가져온다. 디플레이션만 빼고 다른 면에서는 건전한 경제에서라면, 디플레이션 그 자체는 인플레이션보다 더 파괴적인 것은 아니다.

디플레이션: 역사적 증거

19세기 고전적 금본위제도의 전성기 동안, 선진국들은 흔히 물가 하락과 병행하는 호황 기간을 경험하였다. 사실 미국에서는 주식시장이 폭락하기 수년 전에 지속적인 디플레이션이 있었다. 1926년에는 소비자 물가가 2.2% 떨어졌고, 1927년에는 또다시 1.1% 떨어졌으며, 1928년에도 또다시 1.2% 떨어졌다. 물가 하락은 버락 오바마의 강압적인 정부가 할 수 있는 것 이상으로 부(富)를 더욱 효율적인 방법으로 확산되도록 하였다.

예를 들면, 헨리 포드의 모델 T 자동차는 1912년에는 600달러에 팔렸으나 1920년대 중반에는 그 가격이 240달러로 떨어져서 더욱 많은 미국인들이 자동차를 소유하게 되었는데, 이는 생산성의 증가와 낮은 세율 덕분에 미국인들의 가처분소득이 급속히 증가했기 때문이다. 최근에 어떤 경제분석가가 디플레이션을 논하는 것을 들어보니 1926년부터 1928년까지는 기업에게는 악몽 같은 기간이었음이 분명하다고 생각할지 모르나, 이것은 분명히 사실과는 다르다.

1929년의 주식시장 폭락에 뒤이은 디플레이션조차도 기록상 최악의 것은 아니었다. 1929년 11월부터 1930년 11월까지 물가는 5.2% 떨어졌다. 그 다음 1930년 11월부터 1931년 11월까지 또다시 10.4% 떨어지고, 그 다음 1932년 11월까지 또다시 10.2% 더 떨어졌다.(물가는 1933년 3월에 바닥을 친 후 곧바로 오르기 시작했다.) 이것은 정말로 정신이 번뜩 들게 하는 숫자이다.

대공황의 경험과 이전의 1920~1921년의 공황을 다시 한번 비교해 보자. 물가는 1920년 6월 최고치에서 그 후 12개월 동안 15.8%나 떨어졌는데, 이는 1년간의 디플레이션 치고는 대공황 중 어느 12개월간 떨어진 것보다 50%나 더 하락한 것이다. 그러나 1920~1921년의 공황은 지속된 기간이 짧아서 오늘날 대부분의 미국인들은 그런 일이 있었는지조차 모르고 있다.

디플레이션을 크게 겁내는 사람들은 논쟁에서 쓸 마지막 카드 한 장을 행사하면서 말할 것이다: "그것은 사실이다. 1920~1921년 사이 1년 동안 떨어진 것은 1930년대의 어느 한 해 떨어진 것보다 더 심했다. 그러나 사람들의 기대가 실제로 달라지기 전에 끝나버렸다. 1930년대 초에 있었던 지겹고 끈질긴 디플레이션은 결국 미국 경제의 운명을 봉인(封印)해 버렸다"라고.

좋다. 그런데 실제로는 그런 게 아니다. 역사도 그렇지 않았다고 우리에게 말해주고 있다. 1839년부터 1843년 기간에는 통화량이 34%나 줄고 도매가격은 42%나 떨어졌다. 만약 통화론자들이 옳다면, 그리고 대공황을 초래한 것은 1930년대 초에 통화량이 축소되고 있는 상황을 연준이 반전(反轉)시키기를 거부했기 때문이라면, 1839~1843년의 기간은 참혹한 것이었어야 한다. 그러나 머레이 로쓰바드(Murray Rothbard)는 (피터 테민(Peter Temin)의 역사적 고찰에 의거하여) 다르게 보고하고 있다:

"두 디플레이션이 실질생산에 끼친 영향은 매우 달랐다. 1929~1933년의 기간에는 실질 총투자가 91%나 파멸적으로 떨어지고, 실질소비는 19%, 실질 국민소득(GNP)은 30%나 떨어진 반면에; 1839~1843년의 기간에는 투자는 23% 줄었으나 실질소비는 21% 증가하고 실질 국민소득은 16% 증가했다."

이 책 읽어 봤나요?

The Ethics of Money Production, Jorg Guido Hülsman (Auburn, AL: The Ludwig von Mises Institute, 2008)

A Money History of the United States, Milton Friedman and Anna Schwartz (Princeton, NJ.: (Princeton University Press, 1963)

Less Than Zero: The Case for A Falling Price Level in a Growing Economy, George Selgin (London: Institutte of Economic Affairs, 1997)

이러한 비교를 지나치게 중시할 필요는 없다. 거시적 경제 데이터의 완전성은 먼 과거의 것일수록 더욱 신뢰성이 결여되기 때문이다. 그렇더라도 우리가 안심하고 말할 수 있는 것은, 1930년대 초의 디플레이션은(디플레이션을 통화량의 축소로 정의하든 또는 물가의 하락으로 정의하든 간에) 그 정도가 심했으나 미국 역사상 전례가 없었던 것은 아다. 그런데도 1930년대에 경제가 가장 심하게 타격을 받았다는 것이다. 이리하여 논리적 결론은, 디플레이션과 통화 긴축이 대공황 동안 문제가 ― 혹은 적어도 제일 중요한 문제가 ― 된 것은 아니었다는 것이다. 미국 경제사상 가장 참혹했던 시기의 원인을 이해하려면, 우리는 다른 방면을 고찰해 볼 필요가 있다.

그러나 왜 연준이 통화를 망칠까?

무심코 읽는 독자들은, 우연히 통화론자의 설명을 접하게 되면, 연준이 주식시장 폭락 이후 경제에서 1/3의 통화량을 의도적으로 뽑아냈다는 잘못된 결론을 내릴 수 있다. 이런 경우에는 "연준의 디플레이션 정책이 대공황을 초래했다"라고 하는 것은 아주 간단한 이야기로 보인다. 그러나 실제로 그런 일이 벌어졌던 것은 아니다. 오히려 연준은 금융계를 지원하려고 전례 없는 조치를 취했으나, 그 노력이 일반 국민들의 행동에 의해 압도되었는데, 물론 그것은 돈을 퇴장하는 것이었다.

따라서 통화 잔고가 줄어든 결과 연준이 의도했던 정책 결정과는 반대로, 연준으로서는 막을 수 없는 밀물 파도처럼 되었다. 일부지불준비제도 때문에, 연준 당국에는 경제의 통화량 총액을 결정할 권한이 없었다.

이러한 체계 하에서는, 시중은행들은 총 당좌예금의 지불을 "보장"하기 위한 준비금으로 고객들이 예치한 금액의 작은 퍼센트(말하자면 10%)만 확보해 놓도록 법적으로 요구되었다. 복잡한 문제들은 무시하고, 만약 시중은행이 전부 합쳐 500억 달러의 현금을 금고 속에 갖고 있다면, 경제의 전체 통화량은 실제로는 5,000억 달러에 가깝게 된다. 왜냐하면, 대부분의 상인들은 상업은행 앞으로 끊어진 당좌수표(또는 신용카드 거래)를 현찰과 마찬가지로 쉽게 받기 때문이다. 일부 지불준비제도에서는 실제로 500억 달러의 지폐가 경제 전체에서 5,000억 달러의 돈이 물가를 올리는 역할을 수행할 수 있다.

이러한 인플레적 통화승수(通貨乘數)는 공황 기간에는 반대로 된다. 공황 중에는 예금자들은 더 많은 유동성 통화를 수중에 보유하고 있기 위하여 자신들의 당좌구좌에서 돈을 인출한다.

예컨대 예금주가 겁에 질려서 ─ 아마도 은행이 파산할까봐 겁나서 ─ 현찰로 갖고 있기 위해 자신의 당좌예금 계좌에 있는 잔고 1,000달러를 모두 인출한다면, 그의 이런 행위는 최종적으로 경제 전체에 9,000달러의 통화를 소멸시킨다. 예금주가 지불준비금 (즉, 은행금고에 있는 현금)을 1,000달러만큼 줄이면, 은행은 자신의 총 당좌예금 잔고에서 10,000달러를 줄여야 한다. 은행은 단기 대출금의 기한연장을 해주지 않음으로써, 또는 은행으로부터 대출받은 사람들에게 융자금을 상환하라고 독촉함으로써 이를 줄이게 된다. 그러나 어느 경우이든, 한 예금주가 자신의 예금 1,000달러를 인출하기로 한 결정은 경제 전체로는 9,000달러의 통화량 축소로 이어지는데, 이것이 (다른 사정은 불변일 때) 물가의 하락을 초래한다.

이것이 바로 통화론자들이 1930년대 초에 겁에 질린 예금주들의 예금인출로 인한 디플레적 부작용을 반전시키기 위하여 연준이 충분한 조치를 취하지 않았다고 주장하는 이유이다. 연준은 디플레이션에 대처하기 위해 이전의 경기후퇴 때에는 해 본 적이 없는 정도로 저리의 돈을 시장에 쏟아 부었는데도 불구하고, 이번 공황 때에는 연준이 아무런 조치도 취하지 않았다고 비난한다는 것은 아이러니컬한 일이 아닐 수 없다.

패자들을 옹호하다

현대의 독자에게는 금융공황 동안 연준이 금융완화 정책을 채택한 것이 자연스럽게 보일 것이다. 그러나 주식시장이 폭락한 시점에서 부실기업들의 "연착륙"을 지원하려는 노력은 ─ 후버 대통령이 자신의 혁명적인 약 처방을 실시하느라 분주했던 것처럼— 병든 금융계를 위해 새로 개량한 약이었다. 1930년대의 공황에 대처하기 위한 연준의 혁신적 저금리 정책과는 반대로, 전통적 구제책은 19세기 말 영국은행(Bank of England)을 위한 월터 베이즈 핫(Walter Bagehot)의 금언으로 요약된다. 즉, "위기 때에는 원하는 대로 할인해 주되 다만 비싼 할인율로 해주라." 달리 말하면, 기업이 좋은 담보물을 제공하고 높은 이자율로 갚을 의도가 있는 한, 중앙은행은 기업이 빌리고 싶은 만큼 빌려 줄 준비를 하고 있어야 한다는 것이다.

　이러한 전통적인 '엄격한 사랑 정책'은 기업가들 스스로 정직해지지 않을 수 없도록 하였다. 만일 한 기업체가 그 근본은 튼튼하지만 일시적으로 유동성이 부족할 때에는, 그 기업은 중앙은행으로부터 융자를 받아 쓴 후에 높은 이자를 쳐서 갚으면 된다. 반면에 장기적으로 전망이 불투명한 기업을 경영하는 사람은 이젠 틀렸다는 것을 깨닫고 파산선고를 할 것이다. 이것은 틀림없이 잠정적으로는, 특히 이윤을 내지 못하는 기업에 고용된 노동자들에게는, 고통을 안겨줄 것이다. 그러나 이것은 경기후퇴에 빠져들 시점에서 너무 많은 자원과 인력이 잘못된 곳에 고용되어 있었음을 의미한다. 즐겁지는 못한 일이지만, 문제를 해결할 최상의 방법은 사업의 실패를 빠르고 냉혹하게 터트려서 자산과 인력을 수익이 좋은 다른 기업들로 전환시키는 것이다.

　이 전통적인 중앙은행의 처방약은 상당히 잘 들었다. 미국의 역사학도가 19세기에 전세계에서 일어났던 어떤 파괴적인 공황에 대해 연구해 보지 않는 한, 이렇게 말할 수 있다. 그러나 지금으로서는, 독자들은 대공황 때 연준과 중앙은행들이 과거의 엄격한 청산주의자들의 전략보다는 친절하고 점잖게 대처하려고 했음을 알게 되더라도 놀라지 않을 것이다. 경제학자 라이오넬 로빈스(Lionel Robbins)는 1934년에 다음과 같이 기술했다.

　　"이번의 공황을 맞아 우리는 모든 것을 바꾸었다. 우리는 매서운 숙청을 포기한다. 시들시들 앓는 편이 차라리 낫다. 금융시장에서, 상품시장에서, 기업금융과 공공채무의 광범한 영역 어디에서나 중앙은행과 정부의 노력은 불량한 기업의 처지를 지원해 주는 데로 향했다.

　　우리는 이것을 중앙은행 정책의 범위 안에서 가장 생생하게 보고 있다. 1929년에 "호황"이 끝나자 세계의 중앙은행들은 분명 서로 보조를 맞추어 행동하면서 금융시장의 전반적 사정과는 전혀 무관하게 저금리 여건을 조성했다. 이 정책은 미국의 공개시장에서 유가증권의 적극 매입으로 뒷받침되었다. 이런 방식으로 1929년 10월부터 1930년 12월까지 4억 1천만 달러 이상이 시장에 퍼부어졌다. 그 결과는 기대했던 대로였다. 청산작업 과정은 정지되고, 새로운 융자금이 돌게 되었다."

로빈스의 설명은, 대공황에 대한 통화론자의 설명을 익히 알고 있는 독자들을 놀라게 했을지도 모른다. 그럼에도 불구하고 사실은 주식시장의 폭락 후에 연준이 저금리 정책을 채택하였음을 보여주고 있다. 다양한 저자들이 자신들의 주장을 대변할 서로 다른 대리인들을 내세워 연준의 정책을 평가하지만, 사실 이와 같은 이른 시점(즉, 1930년대의 초반)에서는 "연준의 정책"이라는 말 자체가 약간 잘못된 명칭이다. 왜냐하면 당시에는 오늘날보다 개별 지불준비은행의 자율성이 훨씬 강했기 때문이다.

　간단하고 일관적인 척도에 관심을 가지고, 우리의 목적을 위해서 우리는 뉴욕 연준이 적용했던 할인율에 의존하고자 한다. (할인율이란 연준이 시중은행에 그들의 자산을 담보로 잡고 돈을 빌려줄 때 적용하는 이자율을 말한다). 1914년 11월에 은행 업무를 개시했을 때 (뉴욕) 연준은 그 할인율을 6%로 정했다. 그것을 출발점으로 해서 연준의 할인율에 변동이 있었지만 3%대 이하로 내려간 적은 없었다.

1927년에 영국은 놀랄 정도로 금준비가 고갈되는 일을 경험했는데, 그 이유는 영국이 전쟁 중에 전쟁 수행을 위하여 지폐를 너무 많이 찍어냈으면서도 영국 파운드를 전쟁 전과 등가(等價)로 금본위에 못 박아놓았기 때문이다. 그리하여 파운드가 받는 압박을 줄이기 위해서 연준은 1927년에 할인율을 내렸는데, 그것이 달러 공급을 증가시키는 효과를 가져와서 금이 영국 밖으로 유출되는 것을 정지시켰다. 그러나 이러한 조치가 주식시장의 "거품"에 기름을 붓게 되자 이에 놀란 뉴욕 연준은 1928년 2월에 다시 할인율을 올리기 시작하여 1929년 10월에는 6%까지 올렸다.

월가의 '검은 화요일'로부터 3일 후인 1929년 11월 1일, 연준은 할인율을 온전한 1% 포인트를 내렸다. 그리고는 15일 후에 다시 할인율을 4.5%까지 내렸다. 그 다음해 1년 동안 할인율을 다섯 번이나 내려서 1930년 12월의 뉴욕 연준의 할인율은 2%로 떨어졌다. 이것은 이미 연준의 역사상 최하의 할인율이지만, 1931년 5월에는 다시 1.5%까지 더 내려갔다. 영국이 (9월에) 금본위제를 포기하자, 1931년 10월 연준 당국은 공포에 질린 세계 투자가들에 의한 국내로부터의 금 유출을 진정시킬 필요에서 방향을 틀어 할인율을 올리기 시작했다.

주식시장의 폭락 직후 연준이 시장에 유동성을 쏟아 붓기 시작하여 사실상 할인율을 기록적 수준으로 내렸다. 물론 연준이 유동성을 충분히 공급하지 못했다고 비난하는 사람들은 이런 할인율의 인하가 "너무 적고, 너무 늦었다"고 말할는지도 모르지만, 여기에는 문제가 있다. 즉, 대공황의 뚜렷한 원인이 — 이전의 모든 공황과 뚜렷이 구별이 되는 한 가지 요인 — 연준이 충분한 유동성 공급을 싫어했다면, 그렇다면 어떻게 연준의 기록적인 할인율 인하도 문제 해결에 부적절했음이 드러났다고 말할 수 있는가?

이것은 결정적으로 중요한 문제이다. 그러므로 이것을 바꿔서 말해 보자. 연준의 인색함이 보통의 공황을 대공황으로 몰아넣었다고 주장하는 사람은, 비록 (이를테면) 연준이 1929년의 주식시장 폭락 후에 할인율을 내리기는 하였으나 그 이전의 위기 때보다는 낮은 정도로 조금만 내렸다는 경우를 상정하고 있는 것 같다. 만약 그러한 상정이 사실이라면, 그렇다면 주식시장 붕괴 후 연준의 공격적인 대처의 결여가 보통의 공황을 대공황으로 곪아 터지게 만들었다는 주장에는 일리가 있다.

그러나 그것은 사실이 아니다. 연준은 1929년에 주식시장이 폭락한 후부터 1931년 9월까지 할인율을 적지 않은 규모로 인하했는데, 그 당시로는 역사상 가장 공격적인 할인율 인하였다.

이제 단순한 할인율 인하보다 더 보태야 할 이야기들이 있다. 예를 들어, 어떤 경제학자들은 통화론자의 설명을 따르면서 연준이 금융제도를 구하기 위해 사기업 분야의 노력들을 몰아냈다고 비난한다. 다시 말해, 연준이 1914년에 문을 열기 전에는 금융공황이 닥쳤을 때 사금융과 어음교환소들은 통상적으로 고객들의 예금인출 압박을 받고 있는, 지불능력은 있으나 유동자산이 부족한, 시중은행을 공조하여 지원하였다. 그러나 막강한 연준이 출현한 후에는 이런 사금융의 해법이 방해를 받

게 되어서 유동성을 지원하던 사금융들은 뒤로 물러나 있었으므로 유동
성이 필요한 기업들은 마치 "전혀 오지 않을 구원을 외로이 기다리는"
사람처럼 되었다.

연준의 출현이 "최종 대출자"로서의 사금융의 노력을 마비시켰다는

어떻게 밀튼 프리드먼이 그런 오류를 범했는가?

밀튼 프리드먼은 재능이 많은 경제학자였다. 그리고 때로는 옳았지만,
대공황에 대한 유명한 통화론자로서의 설명은 절대로 완전히 틀렸다. 이전
공황의 경우, 미국은 통화 공급에 있어서 심각한 디플레이션과 붕괴를 경
험했지만, 대공황과 같은 경제적 파괴의 고통은 겪지 않았다. 프리드먼의
이론에서 더욱 큰 문제가 되는 것은, 연준은 1920~1921년의 공황 때에는
할인율을 기록적으로 높였으나 1930년대에는 할인율을 기록적으로 낮게
내렸다는 것이다. 그렇다면 프리드만은 어떻게 대공황의 엄중함을 연준의
금융긴축 탓으로 돌릴 수 있단 말인가?

그 가장 즉각적인 대답은, 프리드먼과 (그와 공저자인) 안나 슈워츠는 다
른 것에 근거하여 그들의 논리를 세움으로써 위에서 지적한 지적을 직접
연구해 보지 않았다는 것이다. 예를 들면, 프리드만은 1920년대 초기의 공
황을 연준의 할인율 인하로 미연에 방지할 수 있었다고 지적할 수도 있었
는데, 그것은 정확한 지적이다. 주식시장은 연준이 1928년과 1929년에 할
인율을 거듭 인상한 후에 폭락했으므로, 프리드먼은 자연스럽게 낮은 할인
율은 공황을 성공적으로 저지시키는 반면에, 어리석은 할인율 인상이 재앙
을 초래한다고 결론지었던 것이다.

프리드먼 진영의 또 다른 주요 주장은, 대공황으로부터의 회복과 금본위
제 포기 사이에는 분명한 연관성이 있다는 것이다. 다른 나라들은 그들의 통
화와 금의 연계, 즉 금본위제도를 미국보다 먼저 끊어버림으로써 보다 빨리
대공황에서 벗어났다. 그러나 미국의 경험에만 초점을 맞추어 보면, 중요한
경제 지수들이 모두 제자리로 돌아오고 ― 적어도 잠정적으로 ― 루즈벨트
가 취임할 때가 거의 다 되어서야 달러와 금의 연계를 단절시켰던 것이다.

점을 부인할 수는 없지만, 그러나 이 요인 자체만으로는 대공황을 사실대로 설명할 수 없다. 왜 그런지 그 원인을 알아보기 위하여 우리는 옛날의 마차를 끌던 말(work horse)에서 그 해답을 알아내야 한다. 1920~1921년의 공황, 즉 극심한 경제 수축은 연준이 6년 동안 "업무"를 집행한 후에 발생했다. 만약 연준이 사금융의 시중은행 구제 노력을 축출해 버

비록 프리드먼의 주장은 겉으로는 그럴듯하지만, 그들은 "큰 그림"을 놓치고 있다. 그것은 곧 1920년대 중반의 연준 할인율 인하는 현명한 정책이 아니었고, 오히려 자본의 가격을 너무 낮게 유지함으로써 — 자유 시장가격보다 더욱 낮게 — 조만간 꺼지고 말 "호황"에 기름을 부었다는 사실을 놓친 것이다.

마찬가지로, 그 10년기간의 후반에 가서 연준이 할인율을 인상한 것은 주식시장을 억눌러 안정시킨 것이 아니라 단지 그것의 팽창을 정지시켰던 것이다. 연준이 저리의 돈을 그렇게 많이 퍼붓기를 멈추자, 주식시장은 자연히 더욱 자연스런 수준으로 돌아갔던 것이다.

금본위제를 포기한 후 새로운 통화를 급속히 쏟아 부은 것은 일시적으로는 호경기처럼 보이도록 했으나, 그것은 분명히 2차대전을 겪는 동안 내내 사라지지 않았던 세계경제의 문제점들을 해결하지 못했다. 1929년에 세계적인 금융완화로 인한 '거품'이 꺼진 후, 자원들이 보다 적절하고 지속가능한 분야로 재분배되는 동안, 주요 국가들의 경제는 혹심한 공황을 겪게 되었다.

금본위제는 중앙은행을 정직하게 만들었고, 물가의 하락은 시장에 참여한 모든 사람들에게 너무나 많은 자산들의 가격이 턱없이 높다는 침울한 소식을 전하도록 허용했다. 그러나 금본위제를 포기하고 전 세계에 지폐를 쏟아 붓자 중앙은행들은 근원적 경제문제를 해결하지 않고 대신에 문제점을 가리려고만 했다. 그들이 말하듯이, 그 결과는 바로 역사가 말해주고 있다. 모든 중앙은행들이 금본위제를 포기하고 각국의 경제에 새 지폐를 쏟아 부음으로써 — 바로 프리드먼이 건의했듯이 — 세계는 여러 해 동안 경제적 침체로 고통을 겪었던 것이다.

렸기 때문에 1930년대의 전례 없는 할인율 인하도 시중은행을 돕기에는 부족했다고 한다면, 우리가 지금 설명하려고 하는 1920~1921년 간의 연준의 가혹한 할인율 인상은, 연준의 존재 자체가 이 기간 동안 사금융 부문의 은행 구제 노력을 무력화 시켰기 때문에, 큰 재앙을 유발했던 것으로 드러나야 한다.

1차대전 중 통화 공급의 팽창이 터무니없는 소비자물가 인플레이션을 초래함으로써 1919년 말에는 물가가 20%까지 올랐다. 그 결과, (뉴욕) 연준은 1920년 1월에 할인율을 일거에 4.75%에서 6%까지 인상했다. 그리고는 또다시 1920년 6월에 기록적인 7%까지 인상했다. 상당히 심각한 공황이었음에도 불구하고 — 1921년의 평균 실업률이 11.7%에 달한 것을 상기하라 — 연준은 1년 동안 내내 기록적으로 높은 할인율을 고수하면서 공황이 기본적으로 끝난 1921년 5월까지 인하하지 않았다.

이리하여 1914년에 설립된 후부터 1931년까지의 전 기간을 조사해 보면, 뉴욕 연준의 기록적으로 높은 할인율은 1920~1921 공황 기간에만 발생했고, 기록적으로 낮은 할인율은 1929~1931년에 주식시장이 붕괴된 기간에만 일어났다.(다시 말해서, 최고 7% 또는 최하 1.5%의 할인율은 다른 어떤 해에도 없었다.) 만약에 1930년대의 대공황이 "불충분한 유동성" 때문이라는 설명이 맞다면, 1920~1921년간의 연준의 무자비한 행태(기록적인 높은 할인율)는 훨씬 더 큰 공황을 초래하여 1920년대를 지독하게 비참한 10년으로 만들었을 것이다. 이는 1920~1921년간의 물가 하락이 1930년대 초보다 훨씬 더 컸음을 생각하면, 당연히 옳은 말이다. 그러나 우리가 알고 있는 것처럼, 1920년대는 미국 역사상, 논쟁의 여지는 있지만, 가장 번영을 누렸던 십여 년간이었다.

사실 통화주의자의 설명은 반대로 된 것이다. 통화공급의 억제와 —

정부지출의 삭감과 같은 다른 긴축 조치들은 — 단기간의 고통은 심화시킬지 모르나 청산 과정을 서두름으로써 진정한 회복으로의 전환을 촉진할 수 있다. 현재 겪고 있는 경제적 침체로부터 벗어나는 길은 긴급융자나, 수 조 달러의 "경기부양책"이나, 연준의 무이자 대출 등이 아니다. 이런 기분 좋은 조치들이 익히 알려진 연착륙(軟着陸)을 제공하는 것이 아니고, 시장경제가 스스로 치유하는 것을 방해한다.

밀튼 프리드먼과 안나 슈워츠가 공저한 『미국 화폐사(Monetary History of America)』는 관료들의 내부 충돌과 때로는 1929년 말에서 1930년 초에 연준을 운영한 인간들의 기막힌 무능력을 기술하고 있다. 공정하게 평가된 그들의 연구는, "정부 당국"은 자신들이 하고 있는 일을 알고 있으며, '문제 X'(예컨대 디플레이션으로 인한 은행공황 사태 같은 것)를 해결하기 위하여 새로운 정부 기관이 설립되면, 그 기관은 단지 사금융이 성취한 것을 개선할 수 있을 뿐이라고 추정하는 너무나도 일반적인 통념에 대한 반가운 해독제가 되고 있다. 그러나, 이 책의 공헌에도 불구하고, 그들의 연구는, 연준은 한적하게 뒤로 물러앉아 경제가 내부 파열되도록 내버려 두었다는 거짓 신화를 만들었다. 그 거짓 신화 — 허버트 후버도 뒤로 물러 앉아서 대공황이 전개되는 것을 가만히 지켜보고만 있었다는 거짓 신화 — 는 오늘날에도 계속해서 잘못된 정책을 추진하도록 하고 있다.

제 4 장
보수주의 경제정책이
대공황을 초래했나?

맞춰 볼래요?

🏠 1920년대엔 정부가 매년 재정흑자를 기록했다.

🏠 앤드류 멜론은 저소득 계층의 세금을 줄였다.

🏠 금본위제는 화폐의 평가절하로부터 시민들을 보호했다.

널리 알려진 대공황의 "교훈들" 중에서 진보적인 평론가들은 우리에게 '광란의 20년대'의 탐욕이 30년대의 대공황을 불가피하게 만들었다고 알려준다. 즉, 대공황은 국민들의 탐욕에 대한 응보(應報)였다고 말한다. 그리고 나서는, 후버 대통령은 대공황이 닥치자 금본위제도를 완강하게 고수함으로써 사태를 더욱 악화시켰는데, 그 금본위제도는 19세기에는 소기의 목적 달성에 기여하였으나 20세기에 들어와서는 오로지 중앙은행의 손발을 묶어놓는 역할만 한 시대에 뒤떨어진 것이라고 말해왔다.

대공황을 둘러싼 다른 꾸며낸 이야기들과

마찬가지로, 이것 역시 거짓 신화이다. 쿨리지 행정부의 보수주의적 재정정책은 — 앤드류 멜론 재무장관이 선도(先導)하였는데 — 기업가들이 자유롭게 활동하도록 해줌으로써 그들이 미국 역사상 최고 번영을 누린 10년을, 논란의 여지가 있는 말이지만, 창출하도록 하였다. 어떤 의미에서는 1920년대의 "과도함"이 사실상 주식시장의 폭락을 초래했다고 할 수도 있지만, 이것은 연준의 저금리 정책의 잘못이지 자유방임 자본주의의 잘못일 수는 없다.

허버트 후버가 전통적으로 금 1온스 당 20.67달러에 묶여 있는 달러화의 금 연계를 존중해야 한다고 주장한 것은 옳았다. 19세기의 전통적 금본위제가 국제교역과 평화의 황금시대로 인도했다는 것은 사실이다. 그런데 대부분의 1차대전 교전 국가들이 금본위제를 포기하자 — 전비 조달을 위해 조폐기를 사용하기 위해서 — 국가들 간에는 대규모의 교역 왜곡이 벌어지기 시작했다.

비록 주요 국가들은 1920년대를 통해 자신들의 통화를 점차적으로 금본위로 귀착시켰지만, 1930년대의 금본위제 "실패"는 사실상 원래 제도와는 거리가 먼 정치적인 졸속 처리의 실패였

과묵한 캘빈 쿨리지의 짧은 한 마디

캘빈 쿨리지는 간결한 연설로 유명하지만, 매사추세츠 주 상원 의장으로 재선되었을 때에는 자기 평소 수준 이상으로 간결하게 했다. 그의 취임 연설문을 소개한다.

"우리 정부 기관의 튼튼한 토대를 보전하십시오. 공익을 위해 봉사할 때에는 군인정신으로 하십시오. 우리 연방 정부에 그리고 여러분 자신에게 충성하십시오. 그리고 간결하게 말하시오. — 무엇보다도 간결하게."

Paul Johnson, *A History of the American People* (New York: Harper Perennial, 1999, 715—16)

다. 처음에는 프랭클린 루즈벨트 정권에서, 그 다음에는 특히 리처드 닉슨 정권에서, 정부가 달러화의 금연계를 제거함으로써 인플레이션을 조장했다.

광란의 20년대

1차대전 후 10년이 시작될 때 급격한 공황을 겪은 후 1923~1929년 동안은 비할 데 없이 호황을 누린 기간이었다. 상대적으로 작은 정부였던 시기에 미국의 인구는 1억1천1백90만 명에서 1억2천1백90만 명으로 증가했지만, 개인당 실질소득은 매년 2.1%씩 증가했다. 제조업 생산량은 전 기간에 걸쳐서 23.5% 증가한 반면에 노동의 시간당 산출량은 거의 14%나 증가했다.

미국의 역사 교실에 걸려 있는 잔인하고 무모한 경제 실상을 묘사한 많은 그림들 속에 표시된 통계는 의심스러운 것들이다. 그런 고정관념을 지지하는 사람들은 이렇게 반박할 것이다. "물론이죠. 규제를 받지 않는 시장은 부를 창출하지요. 그러나 그 부는 전부 부자들에게 돌아간단 말이오! '평균'을 보여주는 숫자로는 그걸 알 수 없어요."

이러한 사회의 변화가 실패를 했다고 하더라도, 정부가 거시경제를 "미조정(fine tuning)"하기 전의 시대에도 일반 국민들에겐 전례 없는 사치품들이 쏟아졌다. 시장경제에서 부자가 되는 길은 일반대중에게 상품을 파는 것이다. 바로 시장에 모든 돈이 있기 때문이다. 유능한 기업가가 엄청난 부를 축적한 것은 사실이다. 그러나 그것이 사기업 분야에서 이루어질 때에는, 일반 미국인들에게 더 싼 값에 더 좋은 제품을 제공할 때에만 가능하다. 이 기간 동안의 가장 중요한 두 가지 발전은 일반 대중들에게 전기가 보급된 것과 자동차 가격이 계속 떨어진 것이다.

진 스마일리(Gene Smiley)는 비상했던 1920대를 다음과 같이 묘사했다:

"미국경제는 단지 같은 물건들만 더 많이 생산한 것이 아니라
─ 각종 새로운 상품과 서비스를 생산해냈다. 이러한 성장의 열쇠
의 많은 부분은 상업적으로 생산(發電)된 전기 사용의 확산이었다.
전기는 수많은 종류의 신종 소비제품, 즉 냉장고, 축음기, 전기 다리
미, 선풍기, 전등, 토스터, 진공소제기와 기타 각종 가전제품들을 만
들어 내는 기초가 되었다. 20년대 초에 라디오와 라디오 방송국이
처음 출현하자 그것은 곧바로 뉴스와 오락의 중요한 매체가 되어서
이전에 도시와 시골 농촌을 격리시켜 놓던 담장을 헐어버렸다.

증가하는 소득과 서서히 줄어드는 주 노동 시간은 자동차의 편
리함과 더불어 여가활동에 혁명을 일으켰다.… 더 많은 사람들이
정기적으로 여행을 하기 시작했고, 자동차 호텔(즉, 모텔)과 자동
차로 여행하는 사람들에게 서비스를 제공하는 도로변 식당이 이제
는 다반사가 되었다.… 도시마다 교차로에 교통정리를 하는 경찰
을 두고, 복잡한 도시교통 문제를 해결하기 위해 마침내 전기 신호
등을 설치하기 시작했다.

자동차가 있어서 직장
에 출근하기가 더 쉬워지
고, 출퇴근에 융통성이 생
기자 도시 주위에는 교외
도시가 발전했다.… 양대
우편주문 회사(즉, 카탈로
그 판매 회사)인 시어스 뢰
벅(Sears Roebuck)과 몽고

과묵한 캘빈 쿨리지의
지혜가 들리네

PIG

"경제란 가장 실용적
형태의 이상주의다."

Paul Johnson, *A History of the
American People*, 716.

메리 워드(Montgomery Ward)는 도심지로 들어가는 주요 도로변에
소매점을 열었다….”

그렇다면 무엇이 이처럼 기술혁신과 생산의 폭발적인 발전을 가져왔
을까? 그 한 가지 주요 요인은 앤드류 멜론(Andrew Mellon)에 의해 추진
된 대규모 감세 조치이다. 멜론은 1921년부터 1932년까지 하딩(Harding),
쿨리지(Coolidge), 그리고 후버(Hoover) 정부(대부분의 기간 동안)에서 연방
정부의 재무장관을 맡았다. 그래서 그는 우리가 하고 있는 이야기에서
중요한 역할을 담당하게 된 것이다.

앤드류 멜론의 믿기 힘든 감세 조치

1차대전 중에 미국정부는 대규모 재정적자를 냄으로써 연방정부의
부채를 1916년의 12억 달러에서 불과 3년 후에는 무려 255억 달러까지
증가시키게 되었다.(더구나 이것은 250억 달러가 매우 큰 돈이었을 때
의 이야기다).

직업이 매우 성공한 은행가였던 멜론은 1920년대에 미국에서 최고
부자들 중의 한 사람이었다. 그는 정부의 재정 기관을 청소할 목적으로
장관직을 수락했다. 극단적인 세율인상을 건의하기보다, 멜론은 그 반
대 전략을 요구했다.

래퍼 커브(Laffer Curve: 세금을 올리면 대신에 세원(稅源)이 축소된다는
경제학 이론)와 '레이건 혁명(Reagan Revolution)'을 반세기나 앞서 예견한
멜론은 연방 부채를 갚아서 줄여가는 열쇠는 전쟁 중에 부과된 극심한

✲✲✲✲✲✲✲✲

명콤비: 캘빈 쿨리지와 앤드류 멜론

원래 앤드류 멜론은 워런 하딩 대통령의 재무장관으로 기용되었지만, 그의 보수적인 재정정책은 쿨리지 대통령의 작은 정부 철학과 잘 어울렸다. 쿨리지의 말을 빌리자면: "정부는 개인들이 수고하지 않아도 되게 해줄 수는 없다. 정상적인 사람들이라면 그들 스스로를 돌봐야 한다. 자치란 자신을 지탱하는 것을 뜻한다. … 궁극적으로 재산권과 개인의 권리는 같은 것이다. … 문명인은 교육수준이 높은 계층과 부를 크게 축적한 사람들 안에서만 나올 수 있음을 역사는 보여주고 있다. 이익을 많이 낸다는 것은 곧 많은 임금을 지불할 수 있음을 뜻한다. 영감은 언제나 위로부터 내려왔다."

Paul Johnson, *A History of the American People*, 716.

조세부담을 단호하게 줄이는 것이라고 생각했다. 조세율이 낮아지면, 가장 생산적인 사회의 일원들이 몸을 도사리고 앉아서 지방공채 같은 면세증권에 투자하여 부를 보호하는 대신에, 더 많은 돈을 벌려는 동기가 생길 것이다. 1924년에 멜론이 지적했듯이, "조세의 역사가 보여주는 것은, 본래부터 과도한 세금은 징수된 적이 없다. 높은 세율은 불가피하게 납세자로 하여금 생산적인 사업에서 자본을 인출하도록 압박을 가한다."

멜론의 세율 삭감은 대단히 컸었다. 1921년에 최고소득 계층은 1달러를 벌 때마다 1달러당 73센트라는 숨 막힐 정도의 세금을 냈다. 이듬해에는 세율을 58%로 내리고, 그 후 매년 세율을 내려서 1925년에는 25%까지 내려가서 후버 행정부가 들어설 때까지 그 수준을 유지했다. 빈곤계층의 조세 부담 역시 줄여서 최하위 과표 구간의 세율을 1921년의 4%에서 1925년에는 1.5%로 내렸다.

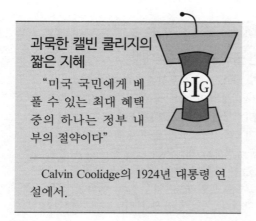

**과묵한 캘빈 쿨리지의
짧은 지혜**

"미국 국민에게 베
풀 수 있는 최대 혜택
중의 하나는 정부 내
부의 절약이다"

Calvin Coolidge의 1924년 대통령 연
설에서.

다음의 비교표는 하딩이
집권하여 멜론을 임명한
1921년부터의 과표구간과 세
율, 그리고 멜론의 세금인하
건의가 시행된 이후인 1926
년부터의 과표구간과 세율을
비교하고 있다.

현대의 민주당 강령에 친
숙한 독자들은 멜론이 "부자들에게 나눠준 거대한 경품"이 국가 예산에
엄청나게 큰 구멍을 뚫었다고 한다. 그러나 반대로, 소득세 징수액은 10
년 동안, 특히 후반의 몇 년에 걸쳐서 실제로 증가했다. 그리고 레이건
대통령의 집권기와는 달리 — 이때엔 연방지출 증가가 연방세수 증가보
다 훨씬 컸다 — 연방정부는 상당한 액수의 부채를 갚아서 부채액은
1920년의 240억 달러에서 1929년에는 170억 달러로 줄어들었다.

사실 미국 연방정부(Uncle Sam)는 1920년대에 매년 재정흑자를 냈
다. 경제의 활황에도 불구하고 연방예산은 20년대가 끝날 때에는 시작
때보다 현저하게 적었다.

누구의 말을 들어봐도, 1920년대는 미국에게는 엄청난 호황기였다.
자료들을 보면. 이런 성공의 한 가지 중요한 요소는 미국정부가 사기업
의 경제활동에 간섭하지 않고 기업가들을 그냥 내버려두기로 한 앤드류
멜론의 결정이었음을 알 수 있다.

연방 소득세 세율 비교

연방세율표(1921년) (부부 합산)			연방세율표(1926년) (부부 합산)		
세율	이상	미만	세율	이상	미만
4.0%	$0	$4,000	1.5%	$0	$4,000
8.0%	$4,000	$5,000	3.0%	$4,000	$8,000
9.0%	$5,000	$6,000	5.0%	$8,000	$10,000
10.0%	$6,000	$8,000	6.0%	$10,000	$14,000
11.0%	$8,000	$10,000	7.0%	$14,000	$16,000
12.0%	$10,000	$12,000	8.0%	$16,000	$18,000
13.0%	$12,000	$14,000	9.0%	$18,000	$20,000
14.0%	S14,000	$16,000	10.0%	$20,000	$22,000
15.0%	$16,000	$18,000	11.0%	$22,000	$24,000
16.0%	$18,000	$20,000	12.0%	$24,000	$28,000
17.0%	$20,000	$22,000	5.1%	$28,000	$32,000
18.0%	$22,000	$24,000	14.0%	$32,000	$36,000
19.0%	$24,000	$26,000	15.0%	$36,000	$40,000
20.0%	$26,000	$28,000	16.0%	$40,000	$44,000
21.0%	$28,000	$30,000	17.0%	$44,000	$48,000
22.0%	$30,000	$32,000	18.0%	$48,000	$52,000
23.0%	$32,000	$34,000	19.0%	$52,000	$56,000
24.0%	$34,000	$36,000	20.0%	$56,000	$60,000
25.0%	$36,000	$38,000	21.0%	$60,000	$64,000
26.0%	$38,000	$40,000	22.0%	$64,000	$70,000
27.0%	$40,000	$42,000	23.0%	$70,000	$80,000
28.0%	$42,000	$44,000	24.0%	$80,000	$100,000
29.0%	$44,000	$46,000	25.0%	$100,000	
30.0%	$46,000	$48,000			
31.0%	$48,000	$50,000			
32.0%	$50,000	$52,000			
33.0%	$52,000	$54,000			
34.0%	$54,000	$56,000			
35.0%	$56,000	$58,000			
36.0%	$58,000	$60,000			
37.0%	$60,000	$62,000			
38.0%	$62,000	$64,000			

연방 소득세 세율 비교(전 도표의 계속)

연방세율표(1921년)(계속) (부부 합산)			연방세율표(1926년)(계속) (부부 합산)		
세율	이상	미만	세율	이상	미만
39.0%	$64,000	$66,000			
40.0%	$66,000	$68,000			
41.0%	$68,000	$70,000			
42.0%	$70,000	$72,000			
43.0%	$72,000	$74,000			
44.0%	$74,000	$76,000			
45.0%	$76,000	$78,000			
46.0%	$78,000	$80,000			
47.0%	$80,000	$82,000			
48.0%	$82,000	$84,000			
49.0%	$84,000	$86,000			
50.0%	$86,000	$88,000			
51.0%	$88,000	$90,000			
52.0%	$90,000	$92,000			
53.0%	$92,000	$94,000			
54.0%	$94,000	$96,000			
55.0%	$96,000	$98,000			
56.0%	$98,000	$100,000			
60.0%	$100,000	$200,000			
64.0%	$150,000	$200,000			
68.0%	$200,000	$300,000			
71.0%	$300,000	$500,000			
72.0%	$500,000	$1,000,000			
73.0%	$1,000,000				

Source: Tax Foundation

✳ ✳ ✳ ✳ ✳ ✳ ✳ ✳ ✳

금본위제 시대의 아름다운 풍경

1914년에 종식된 그 시대는 인류의 경제적 성장에 얼마나 특별한 사건이었던가! ... 런던시의 한 주민은 전화 주문으로 침대에서 '모닝 차'를 마시고, 지구상의 어떤 생산품을 원하든 간에 주문만 하면 자기 집 문턱까지 배달이 될 것으로 기대하더라도 무리가 없었다. 그는 같은 순간에, 같은 수단으로, 세계 어느 지역의 자원이나 새로운 기업을 상대하여 부를 늘리는 모험을 감행할 수도 있었으며, 비상한 노력이나 아무런 골치아픈 문제 없이 장래의 결실과 이득을 공유할 수 있었다. 또는 상상력과 정보에 따라서 지구상의 어떤 도시의 시민과도 서로 믿고 재산증식을 도모하려는 결정을 할 수 있었다. 그는 원한다면 여권이나 격식에 얽매이지 않고도 어떤 곳 어떤 기후에도 편리한 귀금속의 공급을 위해 값싸고 편한 교통수단으로 그 지역의 은행 지점으로 하인을 파견할 수도 있었다. 또한 다른 나라의 종교, 언어, 습관에 관한 지식 없이, 부의 상징인 금 동전을 뽐내고 다니면서 사소한 간섭에도 스스로 불쾌함을 느끼고 적잖게 놀랄 것이다. 그러나 무엇보다 중요한 것은, 자신의 업무 상황이 극히 정상적이며 확실하고 영구적이라고 간주하고, 개선할 수 있는 방향이 아닌 한, 정상에서 조금만 벗어나면 그것은 곧 탈선이고, 추문거리이고, 피해야 하는 것이라고 여겼다."

— 케인즈(John Maynard Keynes), 1919.

대공황은 1920년대 호황의 대가인가?

반(反)자본주의 도학자(道學者)들은 1920년대의 호황은 환상이었다고 일축하고, 주식시장의 폭락과 그 후의 대공황을 지난 "10년간의 탐욕"의 탓으로 돌리려고 시도한다. 주식시장 폭락에 관한 그의 널리 알려진 역사적 고찰 속에서 진보적인 경제학자 존 케네스 갤브레이스(John Kenneth Galbraith)는 거친 경기의 부침은 규제받지 않은 자본주의의 고유한 성격이라고 주장한다. 그러나 비평가들은 미국의 기업과 노동자들이

과묵한 캘빈 쿨리지의 짧은 지혜

"백악관의 대통령에게 전화를 거는 사람의 9/10는 그들이 해서는 안 될 것을 청탁하기 위해서이다. 묵묵부답으로 있으면 3, 4분 안에 전화를 꺼버린다."

Paul Johnson, *A History of the American People*, 716

그들이 번 돈을 더 많이 갖도록 하는 것이 왜 경제를 불안정하게 하는지 사실 설명한 적이 없었고, 왜 쿨리지의 예산 삭감과 부채를 줄인 것이 과소비의 실례인지를 설명하지 않았다.

1920년대 후반기에 투기 열기가 전국을 휩쓸었다. 이에 대해서는 의심의 여지가 없다. 그러나 많은 경제학자들은 그 원인이 연준의 낮은 이자율에 있다고 주장한다. 특히 1927년에 연준은 영국은행이 받고 있던 압박 요인을 제거하기 위해 의도적으로 이자율 완화를 결정했다(달러 공급을 증가시키는 효과가 있다)고 주장하는 것이다.

그러나 실제로 발생한 일은, 영국이 지폐를 인쇄하여 전쟁비용을 갚기 위해 1차 대전 중에 파운드화와 금과의 연계를 끊어버린 것이다. 자연히 통화 공급의 증가로 영국에서는 물가가 올랐다. 그러나 1920년대 동안 영국은 전쟁 전의 평가(平價)인 금 1온스 당 4.25 파운드의 비율로 금본위로 복귀하기를 원했다. 그러나 그동안 달러는 계속 금 1온스 당 20.67달러의 평가로 금과 연계되어 왔는바, 이는 달러와 파운드의 환율이 $4,86 대 1파운드임을 의미했다.

문제는 전쟁 중에 영국의 인플레이션이 미국보다 더 심했기 때문에 자유시장에서의 환율이 더 낮았다는 점이다. 영국은행은 그렇지 않다고 선언했지만, 영국 돈 1파운드는 더 이상 $4.86달러의 가치도 없었다. 그 결과 어쩔 수 없이 영국은행의 금 보유고가 미국의 수중으로 흘러들어왔다. 1927년 영국이 미국 연준의 관리에게 사정하여 미국의 인플레이션을 조장시키도록 한 것은 이러한 추세 때문이다. 이 시기에 월가의 호황이 더욱 강화된 것이 시사하는 바는, 연준의 느슨한 금리정책이 나중에 1929년의 주식시장 대폭락에 큰 역할을 했다는 것이다.

이 이론을 지지한 현존하는 경제학자는 유명한 라이오넬 로빈스(Lionel Robbins)였다. 로빈스는 대공황에 관한 1934년의 그의 저서에서 "연준 이사회의 가장 노련한 밀러(A.C. Miller)씨가 상원 금융통화 분과위원에서" 1931년에 한 증언을 인용했는데, 그 일부를 아래에 소개한다:

> "1927년 하반기에 … 여러분은 이러한 보유량(미국 유가증권의 연준 보유량)이 현저하게 증가한 것을 보실 것입니다. 인수 어음의 대량 구입과 함께, 그것은 연준 체제가 행한 일 중에서 가장 규모가 크고 대담한 작업이었습니다. 그러나 저의 판단으로는, 그 일은 결과적으로 연준이나 어떤 은행제도가 지난 75년간 범한 가장 비싼 과오들 중의 하나입니다! …

화폐가 문자 그대로 금본위에 의해 뒷받침되었을 때

루즈벨트가 1933년에 금본위제를 폐지하기 전에는, 미국에서는 '금 예치 증서'가 지폐처럼 통용되었다. 그것은 어떤 면에서 오늘날의 연준 지폐와 비슷했으나, 결정적인 면에서 달랐다. 예컨대 50달러 증서에는 여전히 '그랜트' 대통령의 초상이 그려져 있었고, 네 귀퉁이에는 여전히 "50"이라고 새겨져 있었다. 그러나 그랜트의 사진 밑에 "지참인이 요구하면 금화 $50 지불"이란 문구가 찍혀 있었다. 게다가 뒷면은 정말로 금색으로 인쇄되어 있었다.

1927년의 연준 정책의 목적이 무엇이었습니까? 그것은 화폐이
자율, 즉 '콜 금리'(차입한 돈으로 유가증권을 매입하려는 "투기 매
입자"에게 대출해 줄 때의 이자율)를 내리려는 것이었습니다. 국
제적 중요성 때문에 '콜 금리'를 이용하게 된 것입니다. 그 목적은
금 유출, 즉 이전에 우리나라로 금이 유입되던 것을 반대로 전환시
켜서 금이 유출되도록 하려는 것입니다."

전통적 금본위제는 어떻게 운용되었나?

많은 비평가들은 "시대에 뒤떨어진" 금본위제도라고 하지만, 그들은
그것이 어디에서 유래했는지 그 기원을 이해하지 못한다. 루즈벨트가
"자비롭게도" 금본위제를 포기했을 때에도 미국인들이 녹색 종이 조각
을 사용하고 있었던 유일한 이유는, 미국정부가 역사적으로 국민들에게
달러 지폐는 "금과 똑같이 좋은 것"이라고 확신시켜 왔기 때문이다. 당
시 허버트 후버의 금본위 집착은—다른 무엇보다 — 자신이 한 말을 지
키려는 어느 한 사람의 단순한 예이다.

정부의 전통적인 기능 중의 하나는 통화를 발행하는 것이었으며, 그
리고 지폐가 전통적으로 가치를 가지게 된 것은, 그것으로 은 또는 금과
같은 상품으로 상환받을 수 있기 때문이다. (영국의 화폐를 "파운드 스
털링"이라 하는 것 자체가 은의 중량을 나타낸다). 중요한 것은, 정부가
흔히 약속한 일을 어길지라도 — 특히 전시에는 — 각종 화폐 (달러화,
파운드화, 마르크화 등)는 실제로 특정한 중량의 금 또는 은의 "가치"가
있는 게 아니라, 있다고 '규정되어 있다'는 사실을 인식하는 것이다. 예를
들면, 미국은 화폐의 기준으로 두 가지 금속(금과 은)을 사용하던 제도를

포기하고, 1900년에는 공식적으로 금본위를 택했는데, 그때 1달러를 금 23.22그레인(1.505 그램)으로 정했다. 통화 규제에 있어서 정부의 역할은 중량과 척도를 일률적으로 수립하는 일로 인식되었다. 즉, 1푸트(foot)를 12인치(inch)로 정한 것처럼, 1달러는 금 23.22그레인 "이었다." 그 목적은 거시경제를 주도하거나 혹은 고용증대를 하자는 것이 아니라, 시민들의 상거래 용도에 일률적인 표준을 제공하려는 뜻이었다.

19세기를 통하여 세계의 주요 교역국가들이 영국의 예를 따라서 금본위를 채택했다. 당시 국가들이 채택한 정의(定義)는 각종 화폐간의 상응하는 고정 환율을 시사하고 있었다. 예컨대 미국의 달러화는 금 1트로이(troy) 온스(31.1 그램) 당 20.67달러로 정해졌고, 영국의 파운드화는 금 1온스 당 4.25파운드로 정해졌다. 이리하여 많은 저술가들은 전통적 금본위제도 하에서의 고정환율이 영국 1파운드 당 4.86달러(어떤 이는 사사오입하여 4.87달러로)였다고 쓰고 있다.

실제 운용에 있어서는, 영국 파운드가 문자 그대로 항상 정확히 4.86달러로 교환된 것은 아니다. 결국 인치나 푸트와는 달리 — (이들은 길이를 재는 다른 단위들임) — 1온스의 금과 1달러(또는 파운드)는 서로 다른 물건들의 단위이다. 일어날 수 있는 일은, 영국 파운드의 달러 가격(또는

이 책 읽어 봤나요?

The Case Against the Fed, Murray N. Rothbard (Auburn, AL: The Ludwig von Mises Institute, 2007)

What Has Government Done to Our Money? Murray N. Rothbard (Auburn, AL: The Ludwig von Mises Institute, 2008)

The Creature from Jekyll Island : A Second Look at the Federal Reserve, G. Edward Griffin (American Media, 2002)

미국 달러의 파운드 가격)은 국제금융시장에서 오늘날 시장에서 정해지는 것처럼 "변동환율"로 정해질 것이다. 그러나 결정적으로 중요한 차이는, 미국과 영국정부는 어떠한 액수든 화폐의 상환 요청이 있을 때에는 지폐에 명시된 중량을 금으로(약간의 수수료를 빼고) 상환해 주어야 할 의무가 있었다. 이것이 그 안에서 달러 대 파운드의 환율이 변동할 수 있는 좁은 대역(帶域) — 4.86달러를 중심으로— 이 된다.

궁극적으로 어느 한 국가의 절대다수의 국민들은 그들 자신의 화폐로 지불받기를 원한다는 사실을 기억해야 한다. 가령 어느 미국 상점 주인이(혹은 그를 대리한 사람이) 1910년에 영국산 차(茶)를 수입하고자 할 때, 그는 먼저 영국 파운드를 획득할 필요가 있다. 반면에, 어느 영국의 도서관 직원이 『농부를 위한 달력(The Poor Farmer's Almanac)』(*역자주: 수년간의 천기, 운세, 조수 간만, 생활 필수 정보 등을 기록한 통계연감으로 미국 농부와 일반에게 인기가 있다)이란 책의 지난 호들을 수입하려고 할 때, 그녀는 (또는 대리인은) 먼저 파운드를 가지고 미국 달러를 교환해야 한다. 이 교역은 수요 공급이 가격(환율)을 정하는 금융시장에서 일어난다. 만약 영국인이 미국의 제품 구입에 쓸 돈보다 미국인이 영국제 상품과 자산 구입에 더 많은 돈을 쓰려고 한다면(현행 환율로 평가될 때), 환율 시장에서 미국의 달러화로 교환되기를 바라는 파운드화보다 영국의 파운드화로 교환되기를 바라는 달러의 "초과량(surplus)"이 1파운드 당 1달러의 가격을 4.88달러로 밀어올릴 것이다.

그러나 금본위제 하에서는 영국 파운드의 달러 가격에 상위 제한이 있었다. 만약 미국의 무역적자가 계속 늘어나면 결국 달러 값은 "금 수출점"(이것은 금값을 포함한 운송비와 기타 거래비용에 달려 있다)에

도달할 때까지 떨어진다.(파운드의 달러 값이 오른다는 뜻이다). 하나의
극단적인 예를 들어보자. 가령 달러의 가치가 파운드 당 10달러까지 떨
어진다면(파운드의 달러 가격이 오른다면), 금 보유자들은 횡재를 하게
된다. 그들은 1온스의 금을 영국으로 가져가서 파운드의 법정 가격인
4.25파운드에 팔 수 있다. 그런 다음 금융시장에 들어가서 4.25파운드
를 건네주고 미국 달러 $42.5를 받을 수 있다.(파운드 당 달러의 환율을
10달러로 가정했기 때문이다). 그런 다음에 그는 미국 재무성에 미국 돈
42.50달러를 제시하고 법정 지불액인 2.06온스의 금을 청구할 수 있
다.(1온스의 금은 $20.67로 정해져 있기 때문이다). 그리하여 운송비와
기타 비용을 제하고도 금을 가지고 있는 사람들은 이 재정거래(arbitrage
action)를 통해 그들의 금 보유고를 2배 이상으로 늘릴 수 있다.

　금융시장에서 (거의) 순이익을 얻게 하는 다른 기회들과 더불어 '1
파운드 당 10달러' 현상은 우리가 가정한 시나리오에서는 곧 자체 수정
을 하게 된다. 미국으로부터 금의 이전은 연준으로 하여금 미국의 통화
공급을 줄이도록 하고, 영국은행은 영국 내에서 통화 공급을 증가시키
도록 한다. 이것이 미국에서는 국내의 파운드 가격(달러로 측정한)을 떨
어뜨리고, 한편 영국에서는 국내의 달러 가격(파운드화로 측정한)을 올
라가게 한다. 이 두 나라의 국내 가격 변화로 두 나라의 소비자들은 영
국의 생산품을 덜 사고 미국의 생산품을 더 사려고 하게 함으로써 무역
불균형을 반전시키게 했다. '1파운드 당 10달러'라는 환율로 달러화로
교환되기를 바라는 파운드화가 증가함으로써 환율은 점차적으로 파운
드 당 4.86달러 대의 고정점으로 귀착하게 된다. 달러의 교환가치가 '금
수출 점' 이상으로 재평가될 때까지 금은 계속 미국의 금고에서 빠져나
가 영국의 금고로 흘러들어간다.

금본위제가 대공황을 야기했는가?

우리가 이전 페이지의 옆 난 하이라이트에서 지적했듯이, 간단히 말해서 그 대답은 '아니오'이다. 그러나 이런 거짓 신화는 너무나 해로운 것이어서, 여기에서 더욱 충분히 설명해 둘 필요가 있다.

전통적으로 보수주의자들은 "건전통화"를 지지해 왔다. 왜냐하면 그것은 인플레이션을 억제하고 무역불균형을 바로잡아 주기 때문이다. 그러나 많은 진보주의자들은, 금본위제는 중앙은행의 팽창주의적 경향을 — 그들이 신봉하는 팽창주의는 "경기부양"을 위해 필요하다는 것이다.— 구속하기 때문에, 그것이 1930년대 초의 경제적 어려움을 야기했거나 또는 상당히 악화시켰다고 주장하려고 시도했다. 이러한 노선의 주장에 대한 부인할 수 없는 증거는, 영국이 (또다시) 금본위를 포기한 직후인 1931년에 연준이 이자율을 급격히 인상함으로써 주식시장 폭락 후에 "경기부양책"을 되돌리려고 했던 연준의 결정이다. 미국도 곧 이런 정책을 따를까봐 두려워한 나머지 전 세계의 투자자들은 자신들이 보유하고 있던 달러를 금으로 상환받으려고 했다. 많은 비평가들은, 미국도 이 시점에서 대공황의 수렁에 빠져 있는 영국과 다른 나라들의 사례를 따라 금본위제를 포기했어야 한다고 주장한다.

그러나 금본위제를 비판하는 사람들은 큰 그림을 놓치고 있다. 그 한 가지는, 1차 대전 후 여러 나라 정부들은 금본위로 복귀하기를 원했는데. 그 이유는 금본위제는 통화 안정을 가져와서 국제무역과 국내투자를 촉진하기 때문이었다.

우리는 또한 정부가 "금본위제를 포기하는 것"은 자국의 통화를 보유하고 있는 투자자들에게 한 법적 약속을 파기하는 것임을 기억해야

퇴장할 만큼 해 보라지, 우리는 더 많은 금을 파낼 테니

1925년 말에서 1930년 말까지 "세계 전체의 화폐용 금 보유고는 연 2.5%~3% 증가했다. 비록 경기침체의 원인을 금 보유량의 절대적 부족으로 설명하는 이론이 정확하다고 할지라도, 그것은 사실과 부합하지 않기 때문에 그 이론을 적용할 수는 없다. 금 보유량이 부족하다는 주장은 근거가 없다."
—라이오넬 로빈스, 1934

Lionel Robins, *The Great Depression* (Auburn, AL: The Ludwig von Mises Institute, 2007 [1934]), 22.

한다. 정부가 계약을 파기할 때, 그것은 투자를 좌절시키는 정부에 대한 신뢰의 결핍을 초래한다.

사실 대공황을 "금본위제" 탓으로 돌리는 것은 어리석은 일이다. 왜냐하면 세계는 1차 대전 때 금본위제를 망쳐 놓은 후 다시는 고전적인 금본위제로 돌아간 적이 없기 때문이다. 그 대신에 정부가 채택한 것은 "금 교환 표준(gold exchange standard)" 정책이었는데, 그것에는 '진짜(real McCoy)' 안전장치가 들어있지 않았다. 머레이 로쓰바드(Murray Rothbard)는 세계의 화폐제도는 1920년대에 진화되었다고 하면서, 그것이 그 후의 위기를 어떻게 초래했는지 다음과 같이 설명한다:

"미국은 달러화를 금화로 상환해 줌으로써 전통적 금본위제에 머물러 있었다. 그러나 영국과 서방의 그 외의 국가들은 의사(擬似) 금본위제(pseudo-gold standard)로 돌아갔는데, 영국은 1926년에, 다른 나라들도 거의 같은 시기에 돌아갔다. 영국의 파운드화와 다른 통화들은 금화로 상환받을 수는 없었고, 단지 국제교역에 적합한 큰 막대의 금으로만 상환받을 수 있었다.

이 때문에 영국과 다른 유럽국가의 일반 국민들이 일상생활에서 금화를 사용할 수 없게 되자 지폐의 유통이 광범하게 확산되고 금융 인플레이션이 일어나게 되었다. 더욱이 영국은 파운드화를 금으로만 상환해 준 것이 아니고 달러로도 상환해 주었다. 반면에 다른 나라들은 금으로 상환해 주지 않고 파운드로 상환해 주었다. 그리고 대부분의 유럽 국가들은 영국의 설득으로 과도하게 높은 평가(平價: parities) 금본위제로 복귀했다. 그 결과 미국의 달러화는 금을 기초로, 영국의 파운드화는 달러를 기초로, 다른 유럽 여러 나라들의 화폐는 파운드화를 기초로 삼게 되었다. — 그 결과 달러와 파운드를 가장 중요한 양대 핵심 통화로 하는 "금 교환 표준"이 확립되었다.

영국이 인플레이션 상황에 놓였을 때 무역수지 적자를 겪게 되자 금본위제도로는 영국의 인플레이션을 급히 억제할 방도가 없었다. 한편 다른 나라들은 파운드화를 금화로 상환해주는 대신에 파운드화를 계속 보유함으로써, 자신들도 인플레이션을 겪게 되었다. 그리하여 영국과 유럽 국가들의 인플레이션에는 제동이 걸리지 않았으며, 금 표준화의 시장 원리에 의해 영국의 적자는 제지당하지 않고 쌓여만 갔다. 한편 미국에 대해서는, 영국은 미국에 많은 달러 보유고나 금을 잃지 않도록 하기 위해서 미국을 설득하여 (1927년에) 달러 가치를 인상시키도록 했다.

그런데 금 교환 표준의 문제점은 그것이 오랫동안 지속될 수 없다는 것이다. 결국에는 그 대가를 치러야만 하는데, 장기간 지속된 인플레로 인한 호황에 대한 반작용으로 재앙이 초래되고 만다. 불란서와 미국과 그 외의 다른 나라들에서 파운드화의 보유고가

쌓이게 되자, 갈수록 휘청거리는 날림으로 지어진 인플레이션 구
조에 대한 신뢰 상실은 아무리 사소할지라도 총체적 붕괴로 이어
질 수밖에 없었다. 이것이 바로 1931년에 일어난 일이다. 인플레
이션상태에 놓여 있던 유럽 전체 은행들의 실패와, 불란서가 파운
드 보유고를 금화로 상환받으려는 "경화(hard money)"정책을 시도
한 것이 결국 영국으로 하여금 금본위제를 완전히 포기하도록 만
든 것이다. 다른 유럽 국가들도 곧바로 영국의 뒤를 따랐다."

금본위제에 대한 최후 판결

언급해 둘 가치가 있는 것은, 근대 세계가 겪은 최대의 경제적 재앙
은 1차대전 중에 여러 국가들이 금본위제를 포기한 후에 발생했다는 것
으로, 이는 1930년대 동안 지속된 무역과 생산에서의 혼란을 초래한 대
사건이다. 비록 가끔씩 재정 "공황"을 야기하는 원인이 되기도 했지만,
19세기와 20세기 초의 고전적인 금본위제 시대의 특징은 강하고 안정된
경제성장이었다. 고전적 금본위제 하에서는 1차 세계대전 중의 대대적
인 물가 인플레이션이나 — 1920년대 독일의 초인플레이션은 말할 것도
없고 — 또는 10년간 지속된 대공황의 경기후퇴 같은 것은 없었다.
    미국에서는 1870년대부터 루즈벨트가 1933년에 금본위제를 철폐할
때까지 충실하게 금 1온스를 20.67달러에 못 박아 놓았었다. 2차대전
후에 '브레튼우즈 협정'(Bretton Woods monetary agreement)이 새로운 "금
교환 표준"을 설정하였는데, 이 협정에서는 다른 여러 나라들은 계속 달
러를 금화로 상환받을 수 있지만, 미국 시민들은 할 수 없게 되어 있었
다. 마침내 리처드 닉슨 대통령은 달러와 금의 연계를 완전히 단절시켜

서 금 준비가 전혀 없는 진정한 "법정 불환지폐(fiat currency)"로 만들면서, 달러의 구매력 보호를 위해 연준에게 통화조절의 재량권을 부여하였다. 아래 분석표는 금 가격의 역사적 변동을 보여줌으로써, 금본위제가 연준 의장보다 상대적으로 더 신뢰할 수 있는 것임을 알 수 있게 해준다.

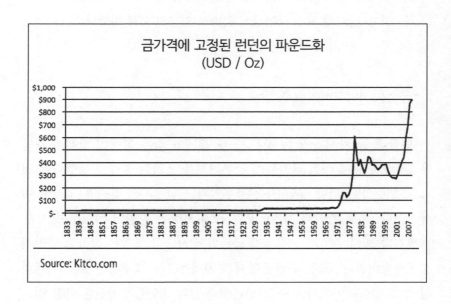

＊❋＊❋＊❋＊❋＊

제 5 장
뉴딜정책의 실패

대공황에 관한 모든 신화들 중에서 가장 명백한 거짓말은 뉴딜정책이 "우리를 구해냈다"는 것이다. 그 어떤 지표를 보더라도, 1940년대로 진입할 때 미국경제는 여전히 너무나 취약했는데, 이는 뉴딜정책이 마술을 부리는데 7년이나 되는 시간이 주어졌지만 성공하지 못했다는 것을 의미한다. 경제적 건전성의 가장 직접적인 지표는 실업률인데, 이것이 아래의 통계표에 요약되어 있다. 이 숫자들을 보면서 ― 그리고 루즈벨트의 유명한 첫 "100일"이 1933년 3월에 시작되었음을 기억하면서 ― 독자들은 의아해할 것이다: 도대체 어떻게 역사가들은 어린세대들에게 뉴딜이 대공황을 종식시켰다고 가르치고 있단 말인가?

맞춰 볼래요?

🏠 어떤 잣대로든 뉴딜이 우리를 대공황에서 구출한 게 아니다.

🏠 실업률은 2차세계대전 때까지 2자리 숫자에 머물러 있었다.

🏠 뉴딜은 국내 카르텔을 형성하여 물가는 올리고 고용률은 저하시켰다.

🏠 기업인들은 루즈벨트가 독재자가 될까봐 두려워했다.

기 간	평균실업률
(1923-1929)	3.3%
1930	8.9
1931	15.9
1932	23.6
1933	24.9
1934	21.7
1935	20.1
1936	17.0
1937	14.3
1938	19.0
1939	17.2
1940	14.6
1941	9.9

자료: Bureau of Labor Statistics

　루즈벨트를 옹호하는 사람들은 자연히 이 통계표의 형편없는 숫자에 대해 미리 준비한 답변을 할 것이다. 실제로 캘리포니아 대학의 역사학자인 에릭 로츠웨이(Eric Rauchway)는: "1937~1938년을 제외하고는 미국 경제가 연평균 9% 내지 10% 성장하는 동안, 루즈벨트의 첫 두 번의 임기 중(8년간)에는 실업률이 매년 떨어졌다"고 주장한다.

　이 루즈벨트 변호는 논리적 오류들 중에서도 가장 조잡한 오류에 의거하고 있다. 단지 어떤 일이 특정 지도자의 임기 동안에 일어났다고 해서 그 공을 그에게 돌려서는 안 된다. 오히려 바른 판단을 내리는 길은, 다른 대안이 채택되었더라면 어떻게 되었을지 가정하고, 그 (가상의) 결과를 실제로 일어난 일과 비교해보는 것이다. 로츠웨이의 루즈벨트 변호는 마치 어느 한 미국의 전쟁사가(戰爭史家)가 "우리를 2차 대전에서 건져 낸 것은"일왕 히로히또라고 하면서 그에게 공을 돌리는 것과 비슷하다.

뉴딜의 종교 경찰

　미국 정치계에 뉴딜처럼 광대하고 찬란하며 의로운 종교가 있어 본 적이 없다. 창시부터 막을 내릴 때까지 한 가지 영웅적 사업을 끈질기게 해냈다. ― 즉, 악과 탐욕과 가난과 압제에 대항해서 사투를 벌였다. 사실 그는 한 주 7일 동안 전혀 쉬지 않고 흉측한 적을 향해 번쩍이는 창검을 휘둘렀는데, 그것은 바로 "대죄(SIN)"라는 적이었다. 만약 당신이 뉴딜을 비판한다면, 당신은 바로 이 대죄를 범하는 것이다.

― 존 플린(John T Flynn)

John T. Flynn, *The Roosevelt Myth* (San Francisco: Fox and Wilkes, 1998), 168.

　경제사 전체를 통틀어 보면, 모든 경기후퇴는 결국 끝이 있다. 경기후퇴 때는 언제나 실업률이 비상하게 높이 올라가지만, 그것은 언제나 다시 떨어졌다. ― 그래서 내려오기 전의 수준을 "높다"고 말하는 것이다. 일반적으로, 미국 역사에서 대부분의 불황은(또는 뉴딜 이후에는 '경기후퇴'라고 새로 정의하게 되었다.) 2년 이내에 끝났고, 5년 이내에는 모두 끝났다. 그렇다면 전문 경제학자들이 대답하려는 질문은 "정확히 루즈벨트는 어떤 방법으로 우리를 대공황에서 구출하였는가?"가 아니라 "왜 대공황은 그렇게 오래 지속되었나?"여야 한다.

　루즈벨트가 취임했을 때 실업률은 역사상 최고 수준에 있었으므로 그 실업률이 그의 재임 동안 떨어지는 추세에 있었다는 것은 놀랄 일이 아니다. ― 물론 한때 일시적 하락의 경우를 제외하고 ― 그 하락도 뉴딜이 시작되고 만 5년 될 때에 다시 급히 올라가서 약간 불안한 수준인 19%에 이르게 되었다.

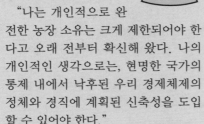

나는 루즈벨트 정권 하에서 사람들이 왜 사회주의를 겁냈는지 모르겠다

"나는 개인적으로 완전한 농장 소유는 크게 제한되어야 한다고 오래 전부터 확신해 왔다. 나의 개인적인 생각으로는, 현명한 국가의 통제 내에서 낙후된 우리 경제체제의 정체와 경직에 계획된 신축성을 도입할 수 있어야 한다."
— 농업부차관 렉스포드 턱웰 (Rexford Tugwell), 1935

Burton Folsom, Jr., *New Deal or Raw Deal? How FDR's Legacy Has Damaged America* (New York; Threshold Editions, 2008), 69

1차대전 후의 심한 불황 중이던 1921년에는 실업률이 최고 11.7%까지 올라갔다가 1923년에 2.4%까지 떨어진 것을 기억하라. 그리하여 초기 불황으로부터 회복되는 과정에서 실업률은 연평균 4.5% 이상씩 떨어졌다. 만약 루즈벨트가 워렌 하딩(Warren Harding)처럼 불황과의 투쟁에서 성공했더라면, 1935년의 실업률은 루즈벨트 때 그랬던 것처럼 20% 이상이 아니라 16%가 되었을 것이다.

경제성장에 관한 로츠웨이(Rauchway)의 관찰도 마찬가지로 잘못을 범하고 있다. 1929년부터 1933년까지 실질 국내총생산(GDP)은 놀랍게도 27%나 떨어졌다. 그러나 어느 경제학자라도 루즈벨트가 취임한 후에는 경제가 정상화되면서 수년간 큰 폭의 퍼센트 증가를 기대 또는 예측할 수 있었다. 이에 대해 어떤 관점으로 조명해 볼 때 미국경제는 1900년에서 1929년까지의 기간 동안에는 해마다 3.5% 약간 못 미치게 성장하였고, 1950년대에는 4%이상 성장하였음을 말해 둔다. 이러한 평균성장률이 비교적 완전고용 상태에 있던 기간에 성취될 수 있었다면, 노동력의 4분의 1이 일자리에서 물러나 있었던 시기에는 훨씬 더 큰 성장률을 기대할 수 있을 것이다.

사실 로스앤젤레스의 캘리포니아대학(UCLA)의 경제학자 리 E. 오헤니언(Lee E. O hanian)과 해롤드 콜(Harold Cole)은 현대의 그럴듯한 연구 기법들을 모두 사용한 정규 모형(formal model)을 최고 학술지에 발표하였는데, 1939년에 총생산은 대공황이 시작되기 전에 확립된 생산량의 "추세치" 이하인 27%였다고 주장했다. 만약 뉴딜이 진정 경제를 대공황으로부터 구출했다고 한다면, 투자는 응당 이루어졌어야 할 수준의 50%에도 못 미치는 더욱 저조한 수준이었다고 하였다.

분명한 사실은, 경제는 미국 역사상 전무후무하게 다른 어떤 경기후퇴기보다 훨씬 느리게 회복되었다는 것이다. 그런데도 불구하고 뉴딜 정책을 옹호하는 사람들은 루즈벨트는 미국 역사상 있어 보지 못한 위기상황을 물려받았다고 말할 수 있었을 것이다.

루즈벨트의 성인전(聖人傳) 작가인 윌리엄 로흐텐버그(William Leuchtenburg)는 이렇게 기술하고 있다: "루즈벨트가 취임하기 전에 이미 일어난 경제공황이 너무나 엄청났기 때문에 전례 없는 뉴딜 정책들도 그 손상(損傷)을 수리하기에는 역부족이었다."

대법원 대 뉴딜

"뉴욕 시장은 이렇게 말했다: '그들이 아무리 선의를 가지고 있다고 할지라도, 법원 판사들의 수중에 미국인들의 운명을 맡길 수는 없다.' 그는 누구의 수중에 맡겨야 한다고 말하지는 않았다. 그러나 그가 언급한 그 법원(뉴딜정책의 입법을 기각한 대법원)은 … 말하기를, 미국인들의 운명은 미국인들의 손에 맡겨져야 하는데 … 그 이유는 헌법에 그렇게 하라고 명시되어 있기 때문이라고 하였다."
— Garet Garrett, 1935

Salvos against the New Deal : Selections from the Saturday Evening Post 1933–1940, ed. Bruce Ramsey (USA, Caxton Press, 2002), 119.

기간	미국의 실업률	캐나다의 실업률
1923-1929	3.3%	3.1%
1930	8.9	9.1
1931	15.9	11.6
1932	23.6	17.6
1933	24.9	19.3
1934	21.7	14.5
1935	20.1	14.2
1936	17.0	12.8
1937	14.3	9.1
1938	19.0	11.4
1939	17.2	11.4
1940	14.6	9.2
1941	9.9	4.4

자료: Bureau of Labor Statistics, Statistics Canada

이러한 논제에는 단 한 가지 문제점이 있다. 다른 나라들도 마찬가지로 1930년대에 대공황의 타격을 받았다.— 그것은 결국 세계적인 붕괴였다. — 그런데도 다른 나라들은 미국보다 훨씬 빨리 회복되었다. 이에 대한 훌륭한 예가 미국과 북쪽의 이웃나라인 캐나다의 실업률 차이를 보여주는 위의 통계표이다. 아마도 그 어떤 단일 증거자료보다도 위의 통계표가 루즈벨트가 자본주의의 구세주라는 거짓신화를 깨부술 것이다.

위 통계표는 몇 가지 이유에서 중요하다. 그것은 대공황은 특별하게 미국만의 경험이 아님을 환기시켜 준다. 비록 캐나다 경제는 미국과 똑같은 정도로 피해를 보지는 않았지만, 캐나다의 경기후퇴도 그 자체로는 매우 심각했다.

이 통계표는 또한 미국과 캐나다의 경제적 운명은 밀집하게 연결되어 있기 때문에 뉴딜의 잠재적 힘을 보다 공정하게 평가할 수 있게 해준다. 얼핏 계산해 보더라도, 미국과 캐나다의 실업률의 평균 격차는 루즈벨트의 재임 기간에 커졌다. 후버의 재임기간(1930년부터 1933년까지)에는 미국의 실업률은 캐나다의 실업률보다 평균 3.9% 높았다. 그러나 1934년에서 1941년까지의 뉴딜 전

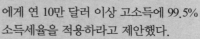

이것은 레퍼커브 전에도 있었다

1941년 세 번째의 4년 임기를 계획하고 있을 때 루즈벨트는 예산국장에게 연 10만 달러 이상 고소득에 99.5% 소득세율을 적용하라고 제안했다.

예산국장이 그런 제안에 너무 놀라자 루즈벨트는 대답하기를 "왜 안 되나? 자네와 나는 평생 연 10만 달러를 벌지 못할 텐데."

— 역사가 버트 폴섬(Burt Folsom)

Burton Folsom, Jr., *New Deal or Raw Deal?*, 145.

성기(평화시)에는 캐나다보다 미국의 실업률이 평균 5.9% 높았다. 따라서 1930년대에 오래 지속된 높은 실업률을 루즈벨트가 제어하기 힘든 "외부 충격" 탓으로 돌리려면, 우리는 캐나다 정부는 그런 충격에 잘 대처했다는 결론을 내려야만 한다. (덧붙여 말하자면, 캐나다 사람들은 1930년대에 "북방의 뉴딜정책"을 시행하지 않았다.) 사실 1942년에 유명한 경제학자 조셉 슘페터(Joseph Schumpeter)는 뉴딜 정책을 "경제회복을 가장 빨리 할 수 있는 기회를 가졌던 미국이 가장 만족스럽지 못하게 회복한 나라라는 사실"에 대해 유일하게 할 수 있는 설명이라고 비난했다.

후버의 정책을 계속 추진 : 생산 제한과 인금인상

후버 재임 시의 놀랄만한 실업률은 비록 의도한 것은 아니어도 고임금 정책의 직접적인 결과였다. 기업의 이윤이 폭락하고 물가가 떨어지고 있는데도 기업들에게 임금을 유지하라고 후버는 강요했다. 기업들이 대공황 동안 살아남기 위해 경비절감을 하려고 필사적으로 애쓰고 있을 때, 후버는 노동가격의 상대적 인상을 주장했다. 이 시기에 노동자들에 대한 수요가 미국 역사상 최대 감소를 겪었던 것은 전혀 이상할 게 없다. 루즈벨트는 이러한 정책을 계속 밀고 나갔다.

그러나 루즈벨트에겐 유리한 점이 있었다. 루즈벨트가 취임하자마자

당신은 당신이 이해하지 못하는 것을 미워한다

루즈벨트는 (1920년대에) 사업에 연속 실패했는데, 그를 잘 아는 사람들은 놀라지 않았다. 그의 친구이자 윌슨 대통령의 내무장관이었던 프랭클린 레인(Franklin Lane)은 이렇게 결론짓고 있다: "루즈벨트는 금융에 대해서 전혀 모르면서도 그는 자신이 모르고 있다는 사실조차 알지 못한다." 그래서 (루즈벨트는) 연구는 하지 않고 마음 내키는 대로 항상 다음 계획은 성공할 것이라 믿고 이 사업 저 사업에 손을 댔다. 후에 루즈벨트 아래에서 부통령을 지낸 헨리 월리스는 정치에 있어서는 자신의 보스를 좋아했지만 사업에 있어선 아니었다. 월리스는 아이오와주에서 신문을 발행한 적도 있어서 사업에서 돈을 벌려면 인내와 지구력이 필요하다는 것을 알고 있었다. 루즈벨트가 행동하는 것을 보고나서 월리스는 말했다: "나는 어떠한 경우라도 그와 같이 사업하는 일은 결코 없을 것이라는 결론을 내렸다."

— 역사가 버트 폴섬(Burt Folsom)

Burt Folsom, J., *New Deal or Raw Deal?*, 25

후버 때의 극심한 물가 디플레이션이 호전되었다. 1929년 3월부터 1933년 3월까지, 소비자 물가는 누적으로 26% 떨어졌지만, 1933년 3월부터 1937년 3월까지는 누적으로 13% 올랐다. 인플레이션의 왜곡된 장점들 중의 하나는 그것이 정부의 고임금정책의 부정적인 면을 (이러한 정책이 물가지수에 연동되지 않

대국적 사고

"역사는 '국가 산업부흥법'이야말로 미국 의회가 통과시킨 법률안들 중에서 아마도 가장 중요하고 광범위한 입법으로 기록할 것이다."

— Franklin Delano Roosevelt

Quoted in Burt Folsom, Jr., *New Deal or Raw Deal?*, 43.

는 한) 상쇄시켜 줄 수 있다는 것이다. 그 정도로 인플레이션은 실업 문제에 도움을 줄 수 있다.

뿐만 아니라 루즈벨트를 도와주었을 자연적 추세도 있었다. 경제 자체에 문제 해결을 위임했더라면, 지탱하기 어려운 부문은 문을 닫고, 지불능력이 있는 기업들로 자원이 이전되고, 더욱이 기술의 발전과 경영의 효율성 향상으로 노동생산성은 자연히 증가하여 경제는 1920년대 후반의 호황으로 인하여 왜곡되어 있던 상태로부터 점차 회복되었을 것이다.

루즈벨트는 임금이 자연적 시장 수준을 찾아가도록 내버려 두어야 했었다. 그렇게 했더라면 그의 행정부 초기 몇 년 동안에 실업률은 급속히 떨어졌을 것이다. 시간이 지나면서 물가 인상과 노동생산성과 이윤의 증가로 더 많은 일자리가 만들어지면서 임금도 시장과 관련되어 인상되었을 것이다.

그런데 불행히도 루즈벨트는 이 전략을 따르지 않았다. 그의 전임자인 후버처럼, 루즈벨트는 대공황은 궁극적으로 저소비 때문이라고 생각

했다, 사실 루즈벨트는 두 가지 측면에서 후버를 능가했다.

첫째, 그는 실제로 (단순히 임금율의 최하선을 설정하는 대신에) 임금율을 인상시키려고 했으며, 둘째는, 후버가 그랬던 것과는 달리, 업계와 노조에 대하여 강하게 압력을 넣는 것에만 의존하지 않았다. 그와는 반대로, 루즈벨트는 대통령이 어떤 일을 하고자 하면 마땅히 전 국민들이 그것을 받아들이도록 연방정부의 권한을 사용해야 한다고 생각했다. 경제학자 리 E. 오헤니언(Lee E. Ohanian)과 해롤드 콜(Harold Cole)은 뉴딜 정책이 루즈벨트의 비전을 어떻게 실현시켰는지를 설명하고 있다:

> "경제회복을 위한 루즈벨트의 처방은 물가와 임금의 인상이었다. 이러한 인상을 이루기 위해 의회는 경쟁을 제한하고 노동조합의 교섭권을 신장시키기 위한 산업과 노동정책 관련 법안들을 통과시켰다… 이러한 정책들이 채택된 후 물가와 임금은 현저하게 올랐다."

이러한 정책들 중의 하나는 '국가산업부흥법(NIRA: 1933-35)'이었다. 이 법에 의해 '국가부흥청(NRA)'이 신설되었는데, 이 기관에서는 각 산업 분야에서 중요한 역할을 담당하는 자들이 소위 "공정경쟁 규약(Code of Fair Competition)"을 만들도록 수단을 제공했다. 현실적으로 이런 규약은 기업들로 하여금 가격 인하를 금지하게 하는 반(反)경쟁적 규정이었다. 간단히 말하면, 국가부흥청은 인위적으로 제품의 가격을 비싸게 만드는 대기업 카르텔을 조장하고, 대기업들과 맞서 경쟁하려는 중소기업들을 처벌했다. 그런 카르텔의 형성을 허용하는 조건으로 루즈벨트는 참여하는 각 기업들은 임금을 인상하고 독립 노조와 집단교섭을 수용하도록 고집했다. 1934년에 와서는 비농업 부문 사기업에 종사하고 있는 노동자들의 약 80%를 고용하고 있는 500개 이상 기업들이 그 규약을 채택했다.

이러한 "자발적인(voluntary) 규약"이 시행되자 큰 생산업체는 시장 점유율을 잃을까 봐 염려하지 않고 가격을 인상할 수 있었다. 왜냐하면, 연방정부 자체가 감히 대기업보다 싸게 파는 "비애국적"인 신흥 기업들을 모두 처벌해줄 것이기 때문이었다.

신성한 뉴딜!!

루즈벨트가 국가회복국(NRA) 국장으로 임명한 휴 존슨(Hugh Johnson)은 이 기관을 "신성한 것"이라고 부르고 … "예수 그리스도 시대 이래의 가장 위대한 사회적 진보"라고 하였다.

— 역사가 Burt Folsom

Burt Folsom Jr., *New Deal or Raw Deal?*, 45.

전형적인 좌파 경제학자들은 자유시장은 독점을 조장한다고 우려하지만, 역사는 그와 반대임을 보여준다. 루즈벨트는 미국의 기업들에게 카르텔을 강요하기 위하여 연방정부의 힘을 사용해야만 했다. 자유시장 경제체제에서 대기업들은 분명히 높은 가격과 경쟁이 거의 없는 것을 원하지만, 신흥 기업들을 깔아뭉개 버릴 정부의 개입이 없으면 사기업 부문의 카르텔은 제구실을 하지 못한다.

대법원이 1935년에 국가산업부흥법(NIRA)을 헌법에 위반된다는 이유로 기각한 후, 루즈벨트는 정책의 방향을 바꾸었다. 전국 노사관계법(NLRA)은 노동자들을 이용하여 자신의 목적을 달성했다. 대기업들이 가격을 직접 정하도록 허용하기보다는 — 대법원이 그것은 반트러스트법에 저촉된다고 판결했다. — 전국노사관계법(NLRA)은 그 대신에 기업들로 하여금 단체교섭을 받아들이도록 강요함으로써 노조에게 믿을 수 없을 정도의 큰 교섭권을 부여했다. 새로 만들어진 '전국노사관계 위원회(National Labor Relations Board)'도 기업들이 노조와의 협상 결과를 수용할 수밖에 없도록 만들었다. 문제는 높은 임금이 보장된 상황에서 기업들은 가격을 인상하지 않을 수 없게 된다는 것이다. 물론 높은 임금율과 법의 다른 제한적 측면들은 국가산업부흥법(NIRA)이 그랬던 것처럼 자유시장 경쟁을 억제하도록 도왔다.

와그너(Wagner) 법으로도 알려져 있는 전국노사관계법이 제정된 결과 노조 조합원 수는 2배 이상 증가해서 1935년의 13%에서 1939년에는 29%로 늘어났다. 그러나 1년간의 "파업날짜 수"(역자 주: 파업에 참여한 전 노조원 수에 날짜를 곱함)는 1936년의 1,400만에서 1937년에는 2,800만으로 2배나 되었다. 노동경제학자들은 이와 같은 노조의 세력 급상승이 — 그리고 그로 인한 고임금이 — 1930년대에 꾸준히 지속된 실업사태의 중요한 요소라고 지적한다.

정부의 계획은 종종 정부가 공언한 목표의 달성을 좌절시키는 묘한 솜씨가 있음을 알고서, 헤롤드 콜과 리 오헤이언은 국가산업부흥법과 전국노사관계법이 실제로 물가와 임금에 영향을 미쳤는지를 연구했다.

관료들이 제일 잘 안다

"기업의 공장을 더 많이 짓는 사람, 철도망을 더 많이 구축하는 사람, 더 많은 회사를 세우는 사람, 이런 사람들은 조력자로는 위험인물인 것 같다. 우리의 과업은 … 많은 상품을 생산하는 것이어야 할 필요는 없다. 우리의 과업은 더욱 건실하고, 수중에 이미 확보된 자원과 공장들을 관리하는 덜 극적인 사업이다."

— 프랭클린 D. 루즈벨트

Quoted in Harold L. Cole and Lee E. Ohanian, "New Deal Policies and the Persistence of the Great Depression: A General Equilibrium Annalysis," 4.

일반적으로 이러한 분석은 다른 여건에서는 역사가 어떻게 전개될지 알기 어렵기 때문에 많은 난점을 내포하고 있다. 그러나 콜과 오헤니언은 경제학의 통제된 실험에 가장 가까운 것을 역청질(瀝靑質) 석탄과 무연탄의 경우에서 발견했다. 역청탄 업체와 노동자들은 NIRA의 '공정경쟁 규약'의 보호를 받지만, 무연탄 업체는 무슨 이유에서인지는 모르나 합의를 보지 못하여 보호를 받지 못하게 되었다. 콜과 오헤니언은 역청탄 광부들의 (추세에 맞춰 조정된 실질) 임금이 1933년부터 1934년까지 사이에 현저하게 올랐고, 그리고 그 후 10여 년간 계속 올랐던 반면에, 무연탄 광부들의 임금은 1933년부터 1934년까지 사이에 현저하게 떨어지고, 그 후 1938년까지 해마다 완만하게 떨어진 사실을 발견했다. 광부로부터 그들의 생산량에 시선을 돌려서 콜과 오헤니언은 무연탄의 상대적 도매가격이 1933년부터 1934년까지 사이에 변동이 없다가 그 후 10년이 다 되어갈 때에 약 15% 떨어졌다는 사실을 발견했다. 이와는 대조적으로, 역청탄의 가격은 — 이에 대해서는 NIRA 규약이 적용되었다 — 1933년부터 1934년까지에만도 약 20% 증가했고, 1935년 말까지 계속 올랐다.

표준적인 경제학 책들은 이런 결과를 설명하고 있다. 역청탄 광부들은 NRA 규약에 의해 보호받았으므로 임금을 올리면서도 생산에 대한 여러 가지 제한 사항들을 얻어 냈다. 이 때문에 역청탄의 구매자들은 인상된 값을 치르게 되었다. 반면에 "보호받지 못한" 무연탄 업계는 고임금을 지불하는 역청탄 광업계에서 해고된 광부들을 받아들였다. 이것이 무연탄 업계의 임금을 인하시키고 생산을 증가시킴으로써 고객들은 낮은 가격으로 살 수 있게 되었다. 이로부터 알 수 있는 일반적 교훈은, 정부의 후원을 받은 카르텔은 경제 전반을 도와주는 게 아니라 기껏해야 다른 기업들을 해치면서 특정 기업들만 도와준다는 것이다.

**어느 두뇌참모의
놀랄 만큼 좋은 충고**

나는 워싱턴의 누구
든지 "기업에 기반을 두
고 있으면서 동시에 기
업과 끊임없이 전쟁을 일으키는 그런
정부를 이끌어 갈 수는 없다"는 이론
을 믿도록 그들을 전향시키고 싶다.
— 국무차관 Adolf Berle, 1937

대체로 국가산업부흥법
(NIRA)과 전국노사관계법
(NLRA)은 경제적 효율성을
감소시켰는데. 그 이유는 노
동과 다른 자원들의 일부만
이 시장가격의 신호에 의해
유도되고, 그 대부분은 다양
한 정치과정에 의해 유도되
기 때문이다. 뉴딜정책은 미
국의 산업을 실질상의 카르텔로 전환시키고 — 본질적으로는 석유수출
국기구(OPEC)의 국내 판이 됨 — 노조원인 근로자와 카르텔에 참여한
산업의 대기업들의 보스에게 단기 혜택을 주었을 뿐이다. 그러나 그것
은 국가 전체를 희생시키고 이루어진 것이다. 왜냐하면, 그것의 결과 인
위적인 높은 가격과 인위적인 높은 실업률, 그리고 자본과 노동의 — 시
장에 의한 배분이 아니라 — 정치적 배분이 이루어지기 때문이다.

그러므로 뉴딜은 근로자를 옆으로 밀어냈을 뿐만 아니라 직장을 가
진 많은 근로자들도 잘못된 부문에 종사하도록 했다. 임금의 삭감을 방
지하고, 공황 후에 시장이 자원을 개편하려는 시도를 방해함으로써, 루
즈벨트의 정책은 1933년도의 경제상황에서 얼어붙어 있도록 만들었다.
이리하여 뉴딜의 하향식 계획이 미국을 대공황으로부터 고통스러울 만
큼 느리게 회복시킨 책임의 큰 부분을 차지한다.

우리가 두려워해야 할 유일한 것은 루즈벨트 자신이다

미국 경제가 1933년에 밑바닥을 친 후에 회복하는 데 왜 그렇게 오래 걸렸던가? 경제학자들은 사기업의 투자 데이터를 지적할지도 모른다. 물가 상승률을 감안하면, 사기업의 투자는 1941년까지 1929년의 수준을 회복하지 못했다. 사실 1930년대를 통틀어 민간자본을 통제한 사람들은 대부분 미국경제를 떠났으며, 그 십년간 소비된 기계설비와 반제품을 충분히 대체시킬 정도의 새로운 투자조차 하기를 거절했다. 경제학자들이 "순투자"라고 부르는 이런 척도에 의하면, 대공황기의 대부

놀랐던 사람들은 기업인들뿐만이 아니었다

루즈벨트와는 대조적으로 트루먼은 FBI와 그 국장인 에드가 후버(J. Edgar Hoover)를 별로 이용하지 않았다. 그러나 루즈벨트는 후버 국장의 성과위주의 방식이 마음에 들었고, 특히 중요 인물들의 사생활에 대해 후버가 전해 주는 짜릿한 비밀들을 상당히 즐기고 있었다. 1936년에 후버에게 정치정보의 수집을 시작하라고 은밀하게 지시한 사람이 바로 루즈벨트인데, 트루먼은 그런 정책을 몹시 싫어했다. 트루먼은 후버와 FBI를 시민의 자유에 대한 직접적인 위협으로 간주하고, 루즈벨트처럼 후버의 비위를 맞추기 위한 노력을 전혀 하지 않았다. …

트루먼 대통령은 취임하고 한 달 만에 쓴 일기에서: "우리는 게슈타포도 비밀경찰도 원하지 않는다. 그런데 FBI는 그런 방향으로 향하는 경향을 보인다. … 그들은 섹스 스캔들을 들먹거리면서 명백한 협박을 하고 있다. … 이것은 막아야 한다."

— 트루먼 전기 작가, David McCullough

David McCullough, *Truman*(New York: Simon and Schuster, 1992), 367.

분에 걸쳐 투자가 제로 이하로 떨어짐으로써 미국은 사실상 마이너스 투자 상태가 되었다. 1931년부터 1935년까지 사이에 순투자는 마이너스 183억 달러였고, 1938년에는 다시 마이너스 8억 달러로 떨어졌다.

활기를 잃은 회복 과정에서 결정적인 요인은 이 "자본 파업(capital strike)"이고, 또 다른 요인은 대대적으로 해고당한 노동자들을 흡수하여 그들을 적소(適所)로 다시 보낼 수 없는 민간 기업체의 무능력이었다. 사실 이 기간에 투자가 결핍되었던 것을 보면, 루즈벨트 예찬자들이 국내총생산(GDP)이 회복되었다고 주장하기 위해 인용하는 숫자들까지 의심스러워 보인다.

1938년의 뉴딜정책 5주년 때 개릿 개레트(Garet Garett)는 〈새터데이 이브닝 포스트(Saturday Evening Post)〉에 기고한 글에서 이 문제를 이와 같이 다루었다:

"미국의 생산성이 증가한 전 과정을 통하여 1937년에 생산이 최고조에 달했을 때조차도 거기에는 취약한 조짐이 보였다. 높은 생산은 경제학자들이 '비내구재(非耐久財)'라고 부르는 성격의 것으로, 우리가 오늘 만들어서 내일 써버리는 그러한 물건들을 뜻한다. 1929년부터 1931년까지의 공황 때 발생한 기계설비, 발전소, 산업용 빌딩과 주택과 같은 내구재(耐久財)에서의 대규모 적자는 전혀 보충된 적이 없다. 이것이 의미하는 것은 이런 것이다. 즉, 비내구재 생산에 있어서 1928년도의 수준에 도달하기 위해서 우리는 이미 가지고 있던 장비를 대부분 사용하고 있고 그리하여 그것들을 마모시키고 있다. 우리가 그런 일을 하고 있는 한, 우리는 우리의 연장들을 먹어 치우고 있는 셈이다. 5년 간의 회복 기간을 통해 ─ 이 회복은 (1938년에) 돌연히 다른 공황으로 끝나버렸는데 ─ 우리나라의 전체 재부(財富)가 과연 증가되기는 했는지조차 의심스럽다."

그러나 미국경제의 느린 회복을 취약한 투자 탓으로 돌리는 것은 단지 문제를 한 걸음 뒤로 돌리는 것이다. 왜 투자자들은 자신들의 돈을 위험을 무릅쓰고 1930년대의 미국경제에 투자하기를 그토록 꺼렸을까?

케인즈학파 경제학자들의 대답은 당연히 기업인들은 자신들이 생산해낸 상품에 대한 수요가 떨어지면 투자를 하려고 하지 않는다는 것이다. 공장이 이미 풀가동을 하지 못하고 있고 재고품만 쌓여가는데 왜 시설확장을 하겠는가? 사실 이것은 ABC TV의 "금주(This Week)"라는 프로에서 조지 윌(George Will)이 뉴딜 기간에 투자가 이루어지지 않았던 문제를 제기했을 때, 폴 크루그먼이 그에게 했던 바로 그 대답이다.

종래의 케인즈학파의 설명이 갖고 있는 문제점은, 그것이 너무나 많은 것을 증명한다는 것이다. 케인즈학파의 이론을 아주 단순하게 말하면, 공황이 있을 때마다 많은 사람들은 아사지경에 놓이게 된다는 것이다. 결국 그들의 이론은 소비자들은 설명하기 곤란한 이유로 놀라 겁을 먹고 소비를 줄인다는 것이다. 이것이 판매량 감소를 초래하여 기업들은 가격을 내리고 노동자들을 해고시킨다. 노동자들을 해고시킴으로써 국민소득은 줄어들고, 그 결과 총수요는 더욱 감소하게 된다. 그리하여 나선형의 하강이 계속된 결과 인구의 반은 죽고 나머지 반은 원시경제 상태로 돌아간다. 1930년대의 투자 정체에 대한 크루그먼의 설명은 왜 미국경제는 미국 역사상 이전에 있었던 모든 공황으로부터는 빨리 회복될 수 있었는지를 설명하지 못하며, 또한 대공황에서 벗어나기 위해 필요하다고 믿었던 엄청난 재정적자 없이 모든 공황에서 벗어날 수 있었던 이유를 설명하지 못한다. 그의 진단은 이전의 공황과 대공황을 구분하지 않기 때문에, 우리로선 크루그먼의 처방을 믿을 만한 이유가 없다.

크루그먼의 이론과는 대조적으로, 봅 힉스(Bob Higgs)는 1997년에 대공황이 이전의 경기후퇴와 다른 점이 무엇인지를 설명하는 혁명적인 논문을 제출했다. 힉스는 투자자들이 투자하기를 겁내는 이유를 "체제 불안정" 탓으로 돌리고 있다. 그는 아래와 같이 적고 있다:

> "1935년부터 1940년까지 민간투자가 불충분하게 이루어진 것은 투자금의 재산권 보장과 장래 수익에 대해 대부분의 투자자들이 느끼는 불확실성을 반영한다. 특히 이 불확실성은, 예외를 완전히 배제하지는 않지만, 연방정부가 취한 행동의 특성과 1935년부터 1940년까지의 소위 '제2의 뉴딜(Second New Deal)' 기간의 루즈벨트 행정부의 성향에서 비롯되었다."

힉스의 주장은 아주 그럴법하다. 그의 논리는 실질적이고 증대하는 경험적 증거들을 내포하고 있는데, 그것은 기업의 일에 대해 정부가 광범한 재량권을 행사하는 나라보다도 재산권을 안전하게 보장해 주는 나

재무장관은 더 이상 그런 말을 안 한다.

"우리는 돈을 쓰려고 했다. 과거 어느 때보다 더 많은 돈을 쓰고 있지만 들어먹지를 않는다. 내가 관심을 가지고 있는 단 한 가지가 있는데, 만약 내가 틀렸다면 … 딴 사람이 내 자리를 차지해도 좋다. 나는 사람들에게 먹을 게 충분히 있는 것을 보고 싶다. 여태 우리는 우리 약속을 제대로 지키지 못해 왔다. … 이 행정부에서 8년간 일을 했는데도 실업자들은 우리가 시작할 당시만큼 많다. 게다가 갚아야 할 빚도 엄청나고!"
— 재무장관 헨리 모겐소(Henry Morgenthau Jr), 1939년 5월

Quoted in Burton Folsom Jr, *New Deal of Raw Deal?*, 2.

라가 더 높은 투자와 성장
의 경향을 보여준다는 것이
다. 뉴딜정책의 반대자와
지지자들은 양쪽 모두 다음
과 같은 사실, 즉 다른 특성
들 중에서도 뉴딜정책은 연
방정부의 경제 개입이 돌발
적으로 늘어나게 했고, 그리
하여 개인의 재산권을 약화
시켰음을 보여주고 있다는
사실에 동의해야만 한다.

> ✦ ✦ ✦ ✦ ✦ ✦ ✦ ✦
>
> ## 이곳이 자유의 땅인가?
>
> 국가부흥청(NRA)의 청장 휴 존슨
> (Hugh Johnson)에게 누군가가 물었다:
> "새 규약을 따르지 않는 사람에겐 어떤
> 일이 생깁니까?" 존슨이 으름짱을 놓
> 았다: "코피 터지게 한 대 맞아야지."
> ― 역사가 버트 폴섬
>
> Quoted in Burt Folsom, Jr, *New Deal
> or Raw Deal?*, 53.

서구의 자유로운 자본주의 국가들이 번창하는 이유는 사적 소유권 제도
때문이라는 주장이 솔직한 말로 들린다면, 그렇다면 자연스럽게 뒤따를
말은, 뉴딜정책은 이러한 체제를 방해한다는 것이다.

현재 우리의 관점에서는, 뉴딜정책이 자유기업 체제에 가한 제한들
을 우리가 인정해야만 우리는 그러한 제한들이 투자를 덜 매력적인 것
으로 만들었음을 알 수 있게 된다. 그러나 힉스의 관점은 더욱 의미심
장하다: 그것은 단순히 새로운 규칙으로는 이윤을 많이 못 벌게 된다는
것이 아니라 그 규칙 자체가 계속 바뀌고 있다는 것이다. 기업인들은 뉴
딜정책이 어느 방향으로 전개될지 알아맞출 희망조차 없었는데, 그 이
유는 루즈벨트 자신도 몰랐기 때문이다. 버트 폴섬(Burt Folsum)은 아래
와 같이 설명하고 있다.

"뉴딜정책은, 특히 금융 분야에서는, 일관성 있는 계획의 결과
가 아니었다. 루즈벨트도 시인했듯이 '6주 이전에 우리가 무엇을

> **먼저 그들은 기업인들을 잡으려고 했고, 나는 입을 다물었다.**
>
> "기업인들은 사전에 판결문을 써서 주머니에 넣어놓고 있는 판사 앞에 서서 재판을 받고, 여론은 점점 그들의 견해에는 아랑곳하지 않고, 어떤 한 기소에서 승소해 봤자 곧 또 다른 기소를 당해야 한다는 것을 깨달았다."
>
> — 조셉 슘페터, 1939
>
> Quoted in Robert Higgs, *Depresion, War, and Cold War* (New York, Oxford University P ess, 2006), 12.

하게 될지 알 수 있는 경우는 거의 없다.' 일부 역사가들은 1933년부터 1934년 사이에 '첫 번째 공황', 1935년부터 1936년 사이에 '두 번째 공황'이 올 것이라고 공언하지만, 루즈벨트와 페릭스 프랑크휘터(Felix Frankfurther: 루즈벨트의 친구이자 보좌관, 대법원 판사)와 그 외의 뉴딜파들은 대부분의 프로그램들이 시행착오를 예상하고 실험해 본 것들이었음을 인정했다. 루즈벨트는 말했다: "방법을 찾아서 시도해 보고, 실패하면 솔직히 인정하고, 그리고는 다른 방법을 시도해 보는 것은 하나의 상식이다. 그러나 무엇보다 중요한 것은, 무언가를 시도해 본다는 것이다."

루즈벨트가 정부 계약의 금약관(gold clause: 금전채권에 붙여지는 특약으로, 화폐가치의 변동에 의한 손해를 막기 위한 것이다. 그 내용은 만기에 금 또는 금화로 지급하기로 약속하는 금화약관이나, 채무 변제를 금화 또는 그것과 동일 가치의 다른 통화로 지급할 것을 약속하는 금화가치약관 또는 금가치약관이 있다.)을 어긴 일화는 그가 안정을 바라는 기업인들의 소망을 완전히 무시하였음을 잘 보여준다. 재무장관 헨리 모겐소(Henry

Morgenthau)에 의하면:

> "대통령은 나에게, 자기는 대법원이 그것을 선고할 때까지 내
> 가 그것을 미결사항으로 유지해 주기를 원한다고 말했다. 그는 사
> 법적, 정치적 이유로 그렇게 하기를 원한다고 했다. 예를 들어, 택
> 시 승객이 금 상자에 흥미를 갖도록 하는 유일한 방법은 그 이야
> 기를 신문 전면에 톱기사로 올리는 것이다. 그는 내가 공채 가격
> 을 올리고 내리고 해서 외환은행에 혼란을 주기를 바란다고 말했
> 다. 사태가 우리에게 불리할 때 계속해서 혼란을 조장하면 일반
> 대중들은, 오 맙소사! 대통령님, 무언가를 좀 해 주십시오, 라고 말
> 할 것이고, 그때 가서 내가 개입하여 어떻게 해주면, 전 국민들은
> 안도의 한숨을 쉬면서, 오, 하나님, 감사합니다! 라고 말할 것이라
> 고 말했다."

법 규정들은 계속 쏟아지고, 대통령은 자본주의의 지혜에 대해 공개
적으로 의문을 제기하는 지식인들의 자문을 받고 있었으니, 대공황의
최저점을 1933년에도 민간투자가 원상회복을 하지 못한 것은 놀랄 일
도 아니다. 증권거래위원회
(SEC)의 창설을 생각해 보
라. 현대의 미국인들은 당연
하게 새 위원회가 주식시장
폭락을 초래한 원인으로 지
목되는 "과도함"을 방지할 훌
륭한 기구라고 생각하고 있
지만, 그러나 당시의 금융 기
업들은 분명히 이러한 시각

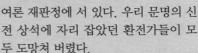

**지금 투자를 해야
할 지 알 수가 없다**

비양심적인 환전가
(換錢家)의 행태가 국민
의 마음에서 배척당해
여론 재판정에 서 있다. 우리 문명의 신
전 상석에 자리 잡았던 환전가들이 모
두 도망쳐 버렸다.
— 프랭클린 델라노 루즈벨트

이 책 읽어 봤나요?

Salvos against the New Deal: Selections from the Saturday Evening Post 1933−1940, Garet Garrett, USA Caxton Press, 2002.

New Deal or Raw Deal? How FDR's Legacy Has Damaged America, Burton Folsom, Jr. (New York, Threhold Editions, 2008)

Roosevelt Myth, John T. Flynn(San Francisco, Fox and Wilkes, 1998)

을 공유하지 않았다.

컬럼비아대학의 박사이자 최초의 "두뇌 집단(Brain Trust)"의 요원이었던 레이먼드 몰리(Raymond Moley)에 의하면, SEC 발족 이후 "새로 상장된 주식을 위한 시장은 사실상 그해 이후 얼어붙었다. 은행가와 변호사들은 투자자들에게 가혹하게 집행될 법 규정에 걸려들 위험을 무릅쓰고 투자하도록 충고하지 않았다."

1930년대의 기업인들은 세계의 강력한 지도자들 — 예를 들면 스탈린, 무쏠리니, 히틀러 등 — 을 알고 있었으므로, 루즈벨트 대통령이 행정부 내에 있는 수많은 좌파 계열의 뉴딜파들과 같이 당시 미국을 사회주의로 이끌어 갈 가능성이 없다고 보지는 않았음을 기억해야 한다.

밥 힉스가 자신의 설득력 강한 분석에서 지적하고 있듯이, "지금 우리가 알고 있는 루즈벨트는 동시대의 스탈린, 무솔리니, 히틀러와 같은 계열의 독재자는 결코 아니었다. 뉴딜파도 결코 "갈색 셔츠(Brown Shirts)" (*역자 주: 나치당원. 그들의 유니폼에서 따온 말)들은 아니었다. 지금은 분명하지만, 그러나 회고해 보면, 동시대의 많은 사람들에게는 그는 외견상 전혀 다르게 비춰졌다.

자신의 논리를 보강하기 위하여 힉스는 뉴딜 시대의 기업계의 지도자들을 상대로 설문조사를 했다. 예를 들어, 힉스는 (진주만 공격이 있기 전인) 1941년 11월의 〈포춘〉지의 여론조사를 이렇게 요약했다.

주어진 질문은 이러하다: "전후에 우리나라는 어떤 종류의 경제구조를 가지고 다시 나타날 것인지, 다음의 답변들 중에서 어떤 것이 당신의 예상에 가장 가까운가?" 그 답변으로 다음 네 가지 옵션이 응답자들에게 주어졌다. (괄호 안에 숫자는 옵션을 선택한 해답자의 퍼센트이다.)

(1) 그때의 여건을 고려하여 수정되겠지만, 전쟁 전의 모습과 매우 흡사한 모습으로 회복된 자유기업 구조(7.2%)

(2) 전날에는 개인이 경영하던 많은 공기업들을 정부가 관장하게 되겠지만, 사기업들에게도 여전히 많은 기회를 남겨 주는 경제구조(52.4%)

(3) 이윤체계 운영의 여지가 별로 없는 반(半) 사회주의적 사회구조(36.7%)

(4) 파시시트와 공산주의 계열의 완전 독재적 경제구조(3.7%)

분명히 뉴딜은 미국사회에서 연방정부의 역할을 근본적으로 바꿔 놓았고, 그렇게 하는 과정에서 기업인들 사이에 불확실성을 조성했다. 그의 혁명적 프로그램이 위헌으로 판결난 1935년에, 루즈벨트는 대법원을 완전히 갈아치우겠다고 그 유명한 협박을 했는데, 그것은 그에 대한 가장 열렬한 지지자들까지 동요하게 만든 충격적인 행동이었다. 열렬한 선거운동 유세에서, 루즈벨트는 자신의 입장은 반(反)기업인, 경기후퇴의 책임은 기업인들에게 있고, 기업인들을 정부에 복종시키는 것이 자신의 주목적이라고 분명히 밝혔다.

마지막으로, 지금은 웃어넘길 수 있지만, 그의 독재정치에 대한 우려에 관하여 독자들이 기억해야 할 것은, 미국 역사상 모든 대통령들은(율리시스 그랜트(Ulysses Grant)만 제외하고) 세 번 연임을 하려고 하지 않았던 조지 워싱턴의 본보기를 따랐다는 점이다. 루즈벨트는 임기를 2번 이상 연임한 처음이자 (유일한) 대통령이다. 그는 죽으면서 비로소 대통령직에서 물러났다. 당시 전 세계를 휩쓸었던 집단주의에 비추어 볼 때, 힉스가 열거한 그의 정치행보는 이해할 만도 하다.

기업인들이 루즈벨트를 겁냈던 문제에 관해 마지막 한 마디 하자면, 우리는 루즈벨트가 재선운동을 하던 1936년 당시 매디슨 스퀘어 가든(Madison Square Garden)에서 행한 연설을 들 수 있다. 루즈벨트는 "경제왕당파(economic royalists)"와 "금융계 조직(Organized Money)"을 맹렬히 비난한 다음, 우뢰와 같은 열변을 토하면서 이렇게 말했다:

"우리나라 역사 전체를 통하여 이러한 세력들이 오늘날처럼 한 후보자를 반대하기 위하여 연합한 적은 없었다. 그들은 만장일치로 나를 증오하고 있지만, 나는 그들의 증오를 환영한다. 나의 첫 번째 행정부 때는 이기심과 권력욕으로 가득한 세력이 자신들의 호적수를 만났다고 말할 수 있다. 그러나 두 번째 행정부에서는 이들 세력들은 자신들의 주인을 만났다고 말해야 할 것이다."

✳✳✳✳✳✳✳✳✳

제 6 장
뉴딜의 횡포

뉴딜정책은 경제회복 정책으로서는 실패했을 뿐만 아니라, 그 정책은 종종 비판도 받지 않고 위협적인 힘으로 시행되었다. 전형적인 미국의 역사 교과서들은 뉴딜의 조직과 창설된 시기를 논하면서 마치 소독된 세탁물 리스트(laundry list: 더러운 것을 모두 노출시킨다는 관용어)처럼 다루고 있지만, 불평분자를 잡아들여 말을 듣도록 한 무장 괴한들에 대해서는 언급한 바가 별로 없다.

루즈벨트의 '은행휴일'

루즈벨트가 제일 먼저 취한 행동은 전국의 은행문을 닫는 것이었다. 〈History.com〉

맞춰 볼래요?

🏠 정부 개입이 1930년대 은행공황의 원인이었다.

🏠 루즈벨트는 "복권" 번호에 근거하여 금화 값을 정했다.

🏠 정부는 국민이 굶주리는 동안 농작물을 파괴하라고 돈을 대주었다.

🏠 루즈벨트는 WPA 자금을 민주당 선거 승리에 이용했다.

웹 사이트는 이 사건에 대해 전형적인 아부성 설명을 게재하고 있다:

"프랭클린 루즈벨트가 1933년에 백악관에서의 첫 임기를 시작할 때, 그는 대공황의 수렁에 깊이 빠져 있는 나라를 물려받았다. 1천3백만 명이나 되는 국민들이 직장을 잃고 기업들은 적자에 허덕이고 있었다. 아마 그보다 더욱 절박했던 문제는, 현기증 날 정도로 연속 터지는 은행의 파산이었는데, 그것은 예금주들이 미친 듯이 전국의 은행금고로 몰려들게 한, 이른바 '예금인출 사태'를 촉발시켰다. 겁에 질린 예금주들이 파도처럼 몰려들어 예금을 인출하자 이미 고갈된 유동자산의 공급을 더욱 고갈시켜서 국가의 금융체계를 재난 직전까지 몰아넣었다.

취임 다음날인 3월 5일, 위급한 상황을 구하기 위해 루즈벨트는 "은행 휴일"을 선포하여 전국의 모든 은행들이 4일간 문을 닫도록 하고 일체의 금융거래를 정지시켰다. "휴일"은 은행의 대량 예금인출 사태를 막았을 뿐만 아니라 루즈벨트에게 〈긴급은행법(Emergency Banking Act)〉을 입법화할 시간을 벌어주었다. 3월 9일에 의회를 통과한 이 법은 대통령에게 은행거래와 "외환거래"에 대해 광범위한 통제를 할 수 있도록 하였다. 그리고 이 법은 지불능력이 있는 은행들은 3월 10일에 업무를 재개할 수 있는 길을 열어 주었다. 그 후 3일 후에는 거의 1,000개나 되는 은행들이 문을 열고 영업을 다시 시작했다."

루즈벨트 정책의 표준적인 서술은 역사가들에 의해 왜곡된 뉴딜 정책의 본질과 그것이 "소시민들"에게 끼친 영향을 요약하고 있다. 쉬운 말로 해서, 정확히 어떤 일이 벌어졌는지 다시 살펴보자. 일반 상업은행들은 평범한 시민들에게 그들이 평생 모은 돈을 은행에 예치하라고 권하면서, "인출하고 싶을 때엔 언제든지 당신 돈을 인출할 수 있습니다. 당신은 지금 요구불예금 구좌(damand deposit)를 개설하고 있습니다."라고 말한다. 그런 후에 그 돈을 은행금고에 보관하는 것이 아니라 예금 대부분을 다른 사람들에게 대출해 주기로 결정한다. 이런 "일부 지불준비" 은행업 관행을 반대하지 않는 충실한 자유방임주의 경제학자들도 많다. 그러나 이런 관행은 분명히 은행들이 예금인출 사태에 취약하게 만든다.

(*지적 훈련을 좀 해보자. 가령 은행이 지불준비금을 100% 보유하고 있을지라도, 마치 창고 대여업자가 고객이 맡긴 가구의 90%를 다른 사람들에게 대여해 주지 않더라도 이익을 낼 수 있는 것과 마찬가지로, 은행은 그래도 이익을 낼 수 있다.) 그렇지만 일부 지불준비 은행체제에서도 특정한 안전보호책을 강구할 수 있다. 예를 들면, 은행은 정당하게 즉시인출 요구를 거절할 수 있는 권리가 있음을 명시한 정식 계약조항을 만들 수 있다.(〈참 좋은 인생(It's a wonderful life)〉이란 영화에서 지미 스튜아트(Jimmy Stewart)가 저금하고 대출을 받는 장면처럼.) 이 제도로는 스스로 (예수금의 운용) 방침을 세울 수가 있다.

그러나 이런 일은 1933년에 일어난 것이 아니다. 만약에 '예금인출 사태'에 직면한 은행이 법적으로 예금주들을 물리칠 수 있는 힘이 있었다면, 미국 대통령이 은행으로 하여금 문을 닫고 쉬라고 명령할 필요가 없었을 것이다.

예컨대 편의점 종업원이 밤에 문을 닫으려고 할 때 1백여 명의 손님들이 줄을 서서 슬러피(Slurpy) 아이스크림을 사려고 한다면, 종업원은 "그만 돌아가세요. 내일 아침 6시에 문을 열겠습니다."고 말하면 그만이다. 여기에 무슨 신비한 요소가 있는 것은 아니다.

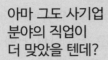

아마 그도 사기업 분야의 직업이 더 맞았을 텐데?

"가너(Garner)는 루즈벨트의 제2인자 존 낸스(John Nance)의 직위를 깎아 내리면서, 부통령은 '더운 침 받침 접시'(saucer of warm spit: 더럽다는 미국 속어)만한 가치도 없다"고 말했다.
— 역사가 폴 존슨(Paul Johnson)

A History of the American People(New York: Harper Perennial, 1999), 754

그러나 이 경우 대다수의 은행들은 이윤을 더 많이 남기기 위해 고객들이 애써 벌어 저축한 돈을 다른 사람들에게 대출해 주면서도 위험한 계획이 그들 눈앞에서 터지지 않기를 바랐었다. 그런데 그것이 눈앞에서 터지자 은행들은 계약상의 의무를 사실상 이행하지 않았고, 인정 많은 루즈벨트가 즉시 개입하여 일방적으로 은행들의 책임을 일거에 면제해 주었다. 더욱이 루즈벨트는 보란 듯이 다른 여러 은행들과, '예금인출 사태'에 직면하지도 않은 은행들까지, 문을 닫도록 명했다. 루즈벨트가 은행들이 스스로 저지른 곤경에서 벗어나도록 도와주었기 때문에, 평생 동안 저축한 돈을 찾아야만 하는 이 불쌍한 예금주들은 그만 그 주일에 액운을 당하고 말았다.

예금주의 합법적 청구에 대해 은행 편을 들었다는 그 도덕성의 모호함은 거론하지 않더라도 '은행휴일'이 미국의 은행제도가 안고 있는 문제점들을 마술처럼 즉각 해결하지 못했다는 것은 엄연한 사실이다. 그 당시도 오늘날과 마찬가지로, 일반 투자자나 예금주들은 이유도 없는 불안감에 사로잡혀 떨 필요가 없었지만, 1930년대와 2000년대 말에 닥친 금융위기는 정말로 심각한 것이었다.

루즈벨트가 완곡하게 표현한 "은행휴일"도 이 불편한 진실을 바꾸지는 못했는데, 이에 대해 "부흥금융공사(Reconstruction Finance Corporation)"

의 제시 존스(Jesse Jones)는 다음과 같이 설명했다:

　　"아마도 5,000개 이상의 은행을 건실하게 만들려면 상당한 자
　본을 투입해야 한다는 것이 밝혀졌다. 대통령이 은행 휴일 중의
　(노변담화) 방송에서 오직 건실한 은행들만 문을 열도록 허용하겠
　다고 선언했을 때, 그것은 대 국민 사기였다고 그를 고소하기는 쉬
　웠다. 영업 중인 모든 은행들은 지불능력이 있다고 간주될 수 있
　었던 것은 거의 14개월이나 지난 1934년 늦은 봄에 와서였다."

　　보통 예금인출 사태에 대한 "교과서의 단원"에는 훌륭한 루즈벨트
대통령이 1933년에 제정된 은행법(Banking Act)/글라스-스티걸법(Glass-
Steagall Act)에 따라서 "연방예금보험공사(FDIC: Federal Deposit Insurance
Corporation)"를 설립했다고 나온다. 이 제도로 인해 예금자들은 은행이
파산을 해도 예금을 잃어버릴 염려가 없어졌으므로, 국민들은 어떤 은
행의 건실성이 의심이 가더라도 급히 은행으로 달려갈 이유가 없어졌다
는 것이다.

　　연방예금보험공사(FDIC)의 창설로 미국에서 '예금인출 사태' 같은 현
상이 없어진 것은 사실이다. (실은 아직도 수정된 형태로 존재한다.) FDIC
가 은행 문을 닫았다가 2008년 7월에 다시 문을 열었을 때 예금을 인출
하려고 한 시간 이상이나 장사진을 치고 기다렸던 수 백 명의 '인디맥
(IndyMac)'(역자 주: Independent National Mortgage Corp. '독립 국민 담보대출
공사'의 약자)의 고객들에게 물어보라.

　　그러나 이것은 한 가지 흥미 있는 문제점을 제기한다. 왜 은행들은
1930년대의 재앙을 예방하기 위하여 민간보험회사에 보험을 들지 않았
을까? 결국 말하자면, 트럭운송회사나 항공사 등의 보험가입까지 처리
할 수 있을 정도로 연방정부 내에 많은 기관들이 있는 것은 아니기 때

문에, 기업들 스스로 민간보험회사에 보험을 들고 보험료를 지불하고 있는 것이다.

FDIC가 은행제도 그 자체를 구해낸 그런 훌륭한 뉴딜의 유산이라면, 우리는 다음의 질문을 해야 한다. 즉, 다른 기업들은 그들의 사업상의 재산을 보호하기 위해 민간보험회사에 가입하는데, 왜 시중 상업은행들은 자신의 예금잔고의 안전을 위해 민간보험회사에 가입하지 않았나?

그 대답은 경제학자들이 말하는 "도덕적 해이(moral hazard)"에 있다. 어떤 사건들은, 보험을 들어놓는 행위 자체가 그러한 사건을 유발시키기 쉬우므로, 보험 가입이 안 된다.

예컨대, 어떤 사람이 보험 중개인을 불러서 이렇게 말한다고 가정하자. "나는 라스베가스에 갈 계획입니다. 현재까지 38번 갔었지요. 보통 돈을 땄습니다. 그런데 한 번에 3,000달러를 왕창 잃어서 무일푼이 된 적도 있었지요. 내 처는 그 일이 있은 후 일주일 동안 말을 안 합디다. 그래서 몽땅 잃는 재앙에 대한 보험을 들어보려고요. 이를테면 공제액 1,000달러까지는 제 부담으로 하고, 그것을 초과하는 부분은 당신 보험회사 부담으로 하고요. 물론 나는 돈을 따려고 기를 쓰겠지만, 1,000달러를 잃는 경우에는 나는 아무런 혜택도 보지 못하고! 어떻게 생각하세요? 보험회사도 돈을 벌어야 하니, 이럴 때 내 보험료는 얼마나 될까요?"

분명히 어떤 보험회사도 이런 제안에 넘어가지는 않을 것이다. 이 남자의 과거 도박 경력은 아무 관계가 없다. 왜냐하면, 이런 보험증권을 갖고 있으면, 특히 "공제액 1,000달러" 정도 가까이 잃었을 때쯤에는, 그는 무모하게 도박을 할 것이기 때문이다. 보험회사도 물론 전체 지불액 한도액을 정해 놓을 것이다. 보험증서에 보험에 해당되는 도박 종류에 대한 안내를 명기할 것이다. 분명한 것은, 이런 설정을 해 놓고 쌍방이다 같이 이득을 볼 수 있는 그런 합의는 있을 수 없다. 보험회사가 이익을 보려고 부과하는 비싼 보험료를 지불하는 대신에, 그는 차라리 자기 자신이 위험부담을 지려고 할 것이다.

이와 유사한 분석을 시중 상업은행의 예금 "보험"에 적용할 수 있다. 은행은 '예금인출사태'에 항상 대비할 수 있는 권한을 확보했으므로, 금고에 100% 지불준비금을 확보하고 고객에게 예치 보관료와 당좌 구좌 수수료를 부과할 수 있다. 그러나 이러한 안전한 위치에서 일단 이탈하면 — 고객의 예금의 일부로 투자할 때 — 은행은 대출과 기타 투자에서 버는 수익의 대가로 '예금인출사태'의 위험부담에 노출된다. 그러므로 은행이 다치기 쉬운 취약성에 대해 은행 자체가 상당한 재량 권을 가지고 있기 때문에, '예금인출사태'에 대한 보험증서 발급은 보험 회사로서는 불가능하다.

정부는 연방예금보험공사(FDIC)의 창설을 통해서도 '예금인출사태' 에 대비한 보험을 들 수 없는 여건을 바꾸지 못했다. 반대로 정부가 고 작 한 것이라고는 민간 보험업체가 감당하기에는 감히 꿈도 꿀 수 없는 잠재적 부채에 납세자들을 묶어놓고 말았다. 그리하여 은행은 위험을 무릅쓰고 고객의 예금을 계속 주무를 수 있는 자유를 누리는 반면에, 일 반 시민들은 은행을 다스릴 수 있는 마지막 선택권 — 예금인출사태 — 에 대해서는 문제의 소지를 남겨놓았다. FDIC가 1980년대에 '저축대부 조합(S&L: Savings and Loan)'을 긴급 구제함으로써 납세자에게 5천1백90 억 달러의 부담을 주었다. 우리는 아직도 최근의 금융위기에서 은행들 을 구제하기 위해 우리가 지불해야 할 경비가 얼마나 되는지 헤아려 봐 야 한다.

납세자에게 억지로 떠맡긴 위험부담 외에도, 연방예금보험공사(FDIC)가 금융시장의 안전 대비책을 일괄적인 법 규정 하나로써 모두 통하는 것으로 대체한 것은 음흉한 처사이다. 고객의 예금이 납세자에 의해서 (어떤 상한선까지) 보증되어 있다는 이유로, 은행은 더욱 큰 수익을 기대하면서 더욱 위험한 투자를 하려는 동기를 갖게 된다. 자연히 정부도 연방예금보험공사를 창설할 때 이러한 문제점을 알고 정부의 이권을 보호하기 위해 법 규정의 보강을 주장했다. 은행이 비교적 자유롭게 되는 대신에 — 그러나 은행이 실수하면 손실을 감당해야 한다, — 연방예금보험공사(기타 글래스 스티걸 법 조항)는 손실을 정부가 처리하도록 하여, 궁극적으로는 금융제도의 성실성에 대해 워싱턴 D.C.의 관료들이 책임을 지도록 했다.

이런 전환이 끼친 해악을 이해하려면, 1930년대 초에 은행들은 변덕스런 고객의 무작위 예금인출 사태는 겪지 않았음을 인식해야 한다. 반대로 가장 무모하게 행동한 것은 은행이었는데, 사기까지 쳐가면서 그들은 오히려 자기 돈을 찾겠다는 고객들의 가장 큰 "희생자"는 자기들이었다고 주장했다. 예컨대 1931년에 도산한 연준 가맹 105개 은행을 조사한 결과, 은행 도산의 주된 원인은 '졸렬하고 부정직한 대출 관행', 특히 '느슨한 대출 방식', '부진한 자금회수 방법', '은행 중역과 간부에게 해준 현명치 못한 대출과 고객 신용 정보의 부재' 등이었다.(많이 들어본 이야기 아닌가요?)

어떤 독자들은 루즈벨트의 '은행휴일' 해법은 불완전했지만 그럼에도 필요했다고 동의할 것이다. 그런 독자들은: "그것이 사실이라고 하더라도 규제받지 않은 금융시장은 부실은행을 걸러낼 수 있어도 은행의 단기간 공황은 감당할 수 없었다. 납세자의 손실은 있었지만, 연방예금보험공사가 제공하는 확실성을 가지고 있는 편이 좋다."고 생각할 것이다.

절대권력을 인용한 말은 없었나?

　"제시 존스는 자신을 가리켜 '제시 아저씨'라고 부르면서 남들에게도 그렇게 불러 달라고 했다. 그래서 그는 '공직에 있으면 새로운 기회를 포착할 수 있다고 깨달은 최초 금융 모리배'라는 구설수에 올랐다. 그리하여 그의 비공식 직함은 '미국의 경제 황제'였다. 마침내 존스는 후버의 전직인 상공장관을 지낸데 이어 다른 직함도 쌓아 갔다. 연방대부청장(Federal Loan Administration)을 비롯하여 RFC담보대부공사(RFC Mortgage Company), 재난대부공사(Disaster Loan Corporation), 연방 국민담보대부공사(Federal National Mortgage Corporation), 수출입은행, 연방주택청, 인구조사국, 표준국, 민간항공국, 특허청, 해양/측량 조사국 외에도 2차대전 중에는 정부 요직 4개를 추가했다. 민주사회에서 한 사람이 이렇게 많은 공권력을 장악한 적은 한 번도 없었다."

— 폴 존슨(Paul Johnson)

A History of the American People, 754.

　　이것을 합리화하기에는 한 가지 문제점이 있다. 즉, 예금인출사태는 은행제도에 대한 이전 정부의 개입으로 스스로 초래된 것이다. 제 3자 보험이 은행의 취약성을 위한 민간분야에서 가능한 해결책이 아니라 할지라도, '은행 지점 제도'는 해결책이었다. '일부 지불준비금제도'의 성격상 은행 체인이 아무리 막강하더라도 고객 모두가 일시에 예금인출을 당장 하겠다고 결정하면 무릎을 꿇고 두 손을 들 수밖에 없다. 실제운용 면에 있어서 1930년대 초 금융공황 중에 도산한 은행들은 대부분 소규모 지방은행들이었다. 이에 대해 짐 파우얼(Jim Powell)은 이렇게 설명한다:

　　"은행 고객들은 일반적으로 지방 은행을 선호했는데, 이것이 의미하는 것은, 지방의 작은 은행들은 타지역의 고객들을 효과적으로 유치할 수 없었다는 것이다. 소도시의 지역은행 — 이를테면 콘 벨트(Corn Belt: 미 중서부 옥수수 경작지대) — 이 경제적 피해를 겪게 되면, 그곳의 소규모 은행은 살아남기 힘들다. 그 은행의 주된 예금주들은 돈이 바닥나서 예금 인출을 필요로 하는 옥수수 농부들이었다. 역시 대출을 받은 사람들도 대부분 옥수수 농부들이었는데, 그들은 대출 원금을 상환할 수가 없었다."

이런 현실을 감안할 때, 대부분의 지방은행들은 말하자면 대형은행 체인의 보호를 받아서 지역의 경제적 재난이 닥쳐도 위험의 분산화를 통하여 위험도를 줄일 수 있기를 기대했다. 소도시 은행들은 대형 은행의 지점 개설을 금지하는 "단점(單店)은행" 제도의 입법화를 위해 주정부를 상대로 한 로비에 성공했다. 이것이 주식시장의 폭락 후 전 미국의 금융제도가 디플레이션의 압박에 더욱 더 취약하도록 만들었다. 1930년대 공황 중에 수천의 미국 은행들이 도산한 것은 대부분 "단점은행" 제도를 채택한 주(州)에서 일어났다.

이와는 반대로, 캐나다는 대형 은행의 지점 개설을 허용하여 대공황 중에도 은행의 도산은 전혀 없었다. 밀튼 프리드먼과 안나 슈워츠에 의하면, 캐나다에서는 미국과 같은 통화량의 감소를 경험했음에도 불구하고, 전국 3,000개 정도의 지점을 가진 10대 은행은 예금인출 사태를 전혀 경험하지 않았다.

연방정부의 "구제"를 조명해 보기 위해 필요한 은행공황에 관한 마지막 한 가지 요소가 있다. 루즈벨트 자신이 은행휴일 개념을 도입한 것은 아니다. 이와는 반대로, 1933년을 통해 여러 주 지사들이 2월 14일 미시간주의 8일간 "은행휴일"을 시작으로 차례로 주별 은행휴일을 각각 도입했다. 경제사가 엘무스 위커(Elmus Wicker)는 주지사들이 자신들이 견제하고 있다고 생각하는 바로 그 문제를 야기시키고 있다고 주장했다:

> "은행의 지불유예가 예금주들에게는 불확실성의 새로운 원인이 되었다. … 은행휴일은 은행의 불안정성을 한 주에서 다른 주로 이전시키는 기제(機制)가 되었다. 한 주의 은행휴일 선포는 예금주들로 하여금 타주 은행에의 예금을 그곳에서 당장 필요한 자금 확보를 위해 인출하도록 함으로써 인접한 주와 뉴욕과 시카고의 금융시장까지 인출 압박을 확대시켰다. 더욱이 주위의 여러 주의 예금주들도 유사한 예금 제한조치가 자신들의 주에서 취해질 가능성에 놀라 은행 지불유예를 예상하고 예금을 인출하려고 은행으로 쇄도했다."

기능이 마비되고 규제가 안 된 은행제도에 시달리는 예금주들을 루즈벨트가 구제했다는 종래의 이야기는 정확하게 사실과 다르다. 은행제도는 (주)정부의 개입으로 애초에 취약해 있었는데, (주)정부가 사기업체의 금융거래에 더욱 간섭함으로써 은행공황은 악화되었다. 루즈벨트의 "해법"은 은행의 근본적 문제를 해결하지 못하였다. 대신에 납세자가 모든 손실을 떠안도록 함으로써 고객들이 은행의 지급능력을 감시하려는 동기를 제거했다.

금본위제도 포기

1933년의 〈긴급은행법〉은 은행휴일을 선포한 것 외에도, 미국의 금

본위제도 또한 폐기시켰다. 진 스마일리(Gene Smiley)는 급히 전개된 사태를 이렇게 설명한다:

> "이 〈긴급은행법〉은 루즈벨트에게 외환거래와 금화 및 화폐 유통을 통제할 수 있는 권한을 부여했는데, 그는 이 특권을 신속히 행사했다. 4월 5일 그는 전 미국인들에게 모든 금 예치 증권과, 희귀 금화를 제외한 모든 금을 바치라고 행정명령을 내렸다. 4월 18일에는 민간의 금수출을 금지시키고, 대통령이 금화 값을 정할 수 있도록 하는 농업조정법(Agricultural Adjustment Law)의 토마스(Thomas) 개정안을 지지할 것이라고 시사했는데, 이는 달러를 확실히 평가절하하는 조치였다. 그리하여 달러화에 변동환율이 적용되어 대부분의 외국 화폐에 대해 달러화의 가치가 떨어졌다. 6월 5일, 의회는 모든 계약서에서 금약관(gold clause)을 폐기시켰다."

수만 명의 어린이들을 강제수용소로 몰아낸 것은 별문제로 치더라도 — 이 역시 루즈벨트가 행한 일로서, 일본인들의 수용소를 기억나게 한다 — 대통령이 이보다 더 독재적인 행태를 취하기는 어려울 것이다.

시민들이 소유하고 있는 금 예치증권은 미국 재무성의 선물이 아니었다. 오히려 반대로, 개인과 회사가 실질 금화 또는 다른 상품 및 서비스와의 교환으로 받은 금 상환약속 증서로서, 이는 미국 정부가 1873년 이래로 금 예치증권 보유자에게 금 1온스 당 20.67달러의 교환비율로 실제 금화를 양도할 것을 서약했기 때문이다. 금 예치증권을 연방준비은행권("지참인지불"의 중요 문구가 빠져 있음을 뚜렷이 알 수 있음)과 교환하라고 명령한 것은 날강도 같은 짓이다. 이는 마치 오바마 대통령이 일반 시민들에게 아이폰을 블랙베리 휴대전화(*역자 주: 오바마는 최근까지 블랙베리만 썼다)와 교환해 줄 테니 아이폰을 모두 바치라고 명령하는 것과 같은 짓이다. 정부가 공식적으로 다음해에 달러와 금의 교환 비율을 40% 평가 절하하여 금 1온스 당 35달러로 정함으로써 정부가 도둑질한 것임을 더욱 명확히 드러냈다. (지금까지 미국 시민들은 그들의 지폐를 어떤 교환비율로도 금으로 상환받을 수 없었다.)

국민들에게 금화를 내 놓으라고 명령한 짓은 — 위반하면 1만 달러의 벌금에서 최고 10년형까지 처벌 받는다. — 명백한 강도짓이다. 달러 가치를 재평가할 때 정부의 금 보유고는 1억9천만 온스(무려 6천 톤)이나 되었다. 포트 낙스(Fort Knox)의 유명한 금괴 저장고는 바로 루즈벨트가 국민들로부터 탈취한 모든 금을 보관하기 위하여 건축되었다. 분명한 몰수 못지 않게 음흉한 짓은 모든 계약서에서 금약관을 삭제한 것으로서, 어떤 면에서는 개인의 기본적 재산권을 침해한 것이다. 루즈벨트가 이를 시행하기 전에는 많은 민간인들의 계약서상에는, 계약 당사자의 의무는 특정한 미국 달러의 액수가 아니라 금의 중량에 따라서 결정한다는 특수 조항을 삽입함으로써, 예기치 못한 정부에 의한 달러의 평가절하로부터 자신들을 보호하려고 노력했다.(정부가 금값을 1온스 당 20.67달러로 정해 놓은 이상 이 금약관은 사실상, 있으나 마나였다.) 따라서 계약상 금화로 지불해야 할 의무가 있는 모든 채무자는 (미국 정부를 포함해서) 긴급은행법에 의해 큰 횡재를 하게 되었는데, 이는 계약서의 금약관을 말소시켜 (평가 절하된)달러화로 채무를 갚도록 했기 때문이다.

그러나 이것조차도 새 법령의 진짜 음흉한 특징은 아니었다. 1933년에 금을 몰수하고 채무자에게 선물을 안긴 것은 극히 사악한 범죄행위일 뿐만 아니라 사건치고는 너무나 큰 사건이었다. 거기다가 한술 더 떠서, 일반 개인은 금화로 지불하라고 요구할 수도 없게 하였다.(금약관은 1977년에 다시 합법화 되었다). 이 계속된 금약관 금지는 너무나 중대한 문제였으며, 정부의 궁극적인 목적을 반영하는 것이다. 금 몰수에 대해 적응을 한 후에, 사기업 분야는 세계 금융시장에서 정해진 금값에 근거하여 계약상 의무를 규정함으로써 금융시장에 근거한, 상품 화폐의 이익을 누릴 수 있었다. 이런 방법으로 투자자는 금화에다 계약상 못을 박아 고정시켜 놓음으로써 달러가치 하락으로 인한 더 이상의 불확실성을 일부나마 제거할 수 있었다. 그러나 법원이 그런 계약을 이행할 수 없도록 한 결과, 사기업 분야는 보호장치가 없는 녹색지폐를 상거래의 기본 수단으로 사용할 수밖에 없게 되었다. 따라서 미국 국민들은 이제 전적으로 조폐창을 관장하는 자들의 재량에 맡겨지게 되었다.

이 이야기를 끝내기 전에 우리는 위의 혹평에 대하여 가능한 한 반대 입장을 짚어보고 넘어가야 한다. 반대 입장은 이런 것이다. 즉, 정부가 어떤 의미에서 일반 대중에게 도적질한 것이 사실이라 할지라도, 이런 혹평은 이 문제를 특히 냉소적으로 보고 있는 것이 아닌가? 만약 루즈벨트가 정말로 — 그가 노변담화에서 말했듯이 — 금의 퇴장이 대공황을 악화시켰다고 믿었다면, 우리는 최소한 그의 경제적 견해는 비판하되 그의 선의(善意)는 비판해서는 안 되는 것 아닌가?

루즈벨트에 대한 그러한 옹호는 버트 폴섬(Burt Folsom)이 말해 주는 다음의 일화에 비추어 볼 때 매우 유지되기 어렵다. 1934년에 공식적으로 금화 1온스 당 35달러로 재조정하기 전에 대통령은 금값을 자기 마음대로 정할 수 있는 권한을 가지고 있었다. 금값을 올리면 농가수익이 늘어난다고 코넬대학의 교수 두 사람이 제기한 이상한 이론에 근거하여, 매일 금값을 가지고 장난을 했다:

"11월 3일 … 모겐소(Morgenthau)가 루즈벨트에게 금값을 19센트 내지 22센트 올리자고 건의했을 때, 루즈벨트는 21센트 올리자고 대답했다. 그 이유가 뭐냐고 반문하자 '3 곱하기 7은 21이니까

… 그것은 운이 좋은 숫자거든 …' 하고 웃으면서 대답했다. 모겐 쏘는 훗날의 일기장에다 '만약 사람들이 우리가 행운의 숫자 등을 조합해 가지고 금값을 정했다는 것을 알게 된다면 정말이지 놀라 자빠질 것이다.'라고 적었다."

비록 이 농담에 악의는 없었다고 하더라도, 대통령과 뉴딜 보좌관들이 정책 결정 과정에서 드러낸 냉소적이고 제멋대로였던 특징을 보고도 못 본체 하기는 매우 어렵다. 그는 모든 정책 결정을 닥치는 대로 하고, 과거의 법조항과 전례를 폐기하고, 연방정부 권력을 휘두르는 오만함을 보였는데, 이것은 다 선한 의도와 비상조치의 필요성 때문이었다고 변명하고 있는 것이다. 이것 역시 최근에 익숙히 들어온 소리이다.

국가부흥청(NRA): 큰 정부와 대기업이 손을 잡다

국가부흥청(National Recovery Administration)에 관하여 초등학교 수준의 토론 ─ 대공황에 대처하기 위한 (첫)뉴딜 방식을 함축한 ─ 을 많이 하는데, 그때 루즈벨트는 도움이 되는 건의만 했을 뿐 〈공정경쟁법〉은 기업들이 창안했다는 식으로 말들을 한다. 물론 실제로는 국가부흥청의 법령을 "운용"하는 최상의 방법은, 일단 대 생산업체와 (큰 노조단체)가 특정 산업을 위한 법령을 창안한 이상, 그 조항을 소기업도 지키도록 강행하는 것이었다.

저지 시티(Jersey City)의 드라이클리닝 업자 제이콥 메이즈드(Jacob Maged)와 같은 수많은 업체들이 벌금을 물거나 구속되었다. 버트 폴섬은 자유기업제도 하에서 살아왔다고 분명히 믿고 있는 메이즈드의 운명

을 이렇게 기술하고 있다:

　"메이즈드는 22년간 바지를 다리면서 그의 저렴한 가격과 품질
로써 고급 동네의 대형 양복공장과 경쟁을 해왔다. NRA의 세탁
건조업법에는 양복 한 벌 다리는 데 40센트를 받으라고 하였다.
메이즈드는 계속 경고를 받으면서도 고객에게 35센트만 받고 '내
장사인데 왜 이래라 저래라 해?' 하고 말을 듣지 않았다. 감옥에 보
내겠다는 위협을 받고서도 '나를 감옥에 보내고 싶으면 맘대로 해
봐!' 하며 버텼다.

　메이즈드는 감옥에 갔을 뿐만 아니라 100달러의 벌금형도 받
았다. '국가부흥법(NRA)을 강행하는 길은 이 방법 외에는 없다'고
'세탁 · 건조사업 분국'의 법집행위원장 에이브러함 트로브(Abraham
Traube)는 '뉴욕에서 이 같은 법 집행을 한다면 곧 전 업계가 말을
듣게 할 수 있다'고 큰소리쳤다."

　폴섬의 이야기가 말해 주듯이, 뉴딜 정책의 신봉자들이 믿는 것처럼
"획일 가격(uniform price)"의 개념은 기업계에 선물로 준 것이 아니었다.
이와는 반대로, 한 산업분야의 모든 생산업체는 최소가격을 매겨야 한
다고 고집하면서, 국가부흥청은 영세업체가 경쟁할 수 있는 주요 수단
을 빼앗아 버림으로써 대형업체를 도와주었다.

　예컨데, 칼 패리스(Carl Pharis)는 오하이오 주에서 1,000여 명 이상을
고용하여 타이어 공장을 경영하고 있었다. 사업 규모가 상당히 컸지만
굳이어(Good Year), 파이어스톤(Firestone)과 굿릿치(Goodrich)사와 같은 전
국 판매망과 애프터 서비스망(網)을 가질 형편은 못 되었다. 패리스가
살아남을 수 있는(실제로 성업 중이었음) 유일한 길은, 그의 말에 의하
면, "최고 품질의 타이어를 만들어 박리다매(薄利多賣)를 하여 많지는 않

으나 안전한 이익을 남기는 것"이었다. 그러나 국가부흥청(NRA) 법은
— 대기업들이 창안한 것이지 패리스 타이어제조회사가 한 것은 절대
아님 — 그 사업 방식을 불법으로 규정했다. 패리스의 설명을 들어보자:

> "큰 회사들이 더욱 쉽게, 손실은 더욱 줄이면서, 우리에게 쳐들
> 어와 '우리를 잡아먹으면서' 판매이익을 챙길 수 있는 그런 가격으
> 로 정부가 우리를 보고 가격을 올리라고 했다. 그러나 우리는 가
> 격을 내려도 짭짤하게 이익을 볼 수 있었지만 국가부흥청법에 묶
> 여서 가격을 내릴 수가 없었다."

아마 가장 터무니없고 부당한 처사는 쉐크터(Schechter) 사건일 것이
다. 이 사건은 대법원에 항소하여 원래의 국가산업부흥법(NIRA)이 헌법
위반이라고 뒤집어졌다(1935년에).

쉐크터 형제는 부르클린에서 닭 도살업에 종사했는데, 그의 사업에
는 뉴욕시를 둘러싼 대 수도권의 양계산업을 위한 국가부흥법(NRA)의
공정경쟁 강령의 규정이 적용되고 있었다. 애미티 슐레이스(Amity Shlaes)
는 쉐크터 항소 사건과 관련된 법의 해당 조항을 설명한다:

> "법7조 2항은 '사람이 소비하도록 선별되는 것 또는 그러한 목
> 적에 (즉 소비에) 부적절한 생산품을 의도적으로 구매 또는 판매
> 하는 것을 금한다'고 규정하고 … 이 법은 '관인 등급에 따른 도살'
> 로 규정된 '직접 도살'을 금하고 있다. 이 법의 뜻은, 닭을 사려는
> 고객이 닭장 속의 닭을 전부를 사거나 반만을 살 수는 있되, 닭을
> 한 마리 한 마리 골라서 살 수는 없다는 것이다."

쉐크터 형제는 (다른 법령도 위반한 것이 있지만) 먹기에 부적절한 닭
을 팔았다고 기소되었다. 그러나 "마지막에 가서는" 그들에 대한 증거

로 열 마리 닭을 선별했다는 것인데, 즉 그 중에 의심스러운 닭 3마리만 골라서 위생 당국의 검시를 받은 결과 오직 1마리만 병든 닭으로 판명되었다. 그 한 마리는 "계란을 막 낳으려는 닭이었는데" 그 (뜻)은, 즉 닭을 죽이고 나니까 그 안에 계란을 품고 있는 것이 드러났다는 것이다. 그것을 쉐크터 형제가 닭을 팔기 전에 죽이기란 어렵다는 뜻이다. (즉, 병들어 죽었다는 뜻이다.) 이 정도를 가지고 범법행위라고 한다면, 보통 상식을 가진 사람은 놀랄 수밖에 없는데, 그래도 이것이 그의 유일한 범죄행위였다. 그럼에도 불구하고 쉐크터 형제는 국가부흥법(NRA) 위반 혐의로 벌금형 7,425달러의 유죄판결을 받았다. 지금의 돈으로 환산하면 10만 달러 상당의 돈이다. 형제 중 하나는 3개월 징역, 다른 형제는 가벼운 형의 언도를 받았다.

대법원 항소의 증언을 보면 NRA의 불합리한 면이 여실히 드러난다.

대법원 판사 제임스 클라크 맥레놀즈(James Clark McReynolds)는 즉시 도살(straight killing)이란 무슨 뜻인지 물어본 후 닭 문제를 다루었다.

"닭장 하나에 몇 마리나 들어 있소?"

"닭장 규모에 따라 30~40마리 정도 됩니다."

"그렇다면 수수료를 받는 운반인들이 닭을 싣고 오면 바로 도살장에 들어가나요?"

"맞습니다."

"닭을 팔려면 즉시 도살을 해야만 하나요?"

"그렇습니다."

쉐크터의 변호사 헬러(Heller)가 말했다: "피고인은 손님이 맘대로 닭을 고르도록 하지는 않습니다. 손님은 도살장에서 닭장에 손을 집어넣어 잡히는 대로 꺼내야 합니다. 그리고 그것을 사 가야만 합니다."

이때 법정에 웃음이 터졌다.

그러자 레놀즈 판사가 물었다: "닭의 품질은 고려하지 않나요?"

헬러 변호사가 대답했다: "닭의 품질은 전혀 고려하지 않습니다."

잠시 후에 서더랜드(Sutherland) 판사가 물었다: "음, 그래요? 그렇다면 닭이 모두 한 쪽으로 몰려 있으면 어떻게 합니까?"(또 한 차례 웃음이 있었다)

국가부흥법(NRA)의 불합리한 점을 대법원이 뒤집기는 했지만, 루즈벨트가 뉴딜의 현명한 정책에 호감을 갖는 판사들로 대법원을 채우겠다

✳ ✳ ✳ ✳ ✳ ✳ ✳ ✳ ✳

루즈벨트의 강압적인 깡패들

존 플린(John Flynn)은 당시 뉴딜 비평가로, 루즈벨트 행정부가 어떻게 생산업자들을 돕는 온정어린 계획을 세워 산업계가 "고분고분 순종"했는지 설명했다. 국가부흥법(NRA)은 법을 강행시킬 수 없음을 알았다. 암시장은 더욱 활개를 치고, 오직 강력한 공권력만이 법집행을 강행할 수 있었다. 당국은 시드니 힐먼(Sidney Hillman) 의류공장에 법 집행관을 배치했다. 집행관들은 의류공장 지역을 나치스 돌격대(Storm Trooper)처럼 쑤시고 다녔다. 어느 공장을 급습하여 공장주를 밖으로 내보낸 후 종업원들을 일렬로 세워놓고 시시콜콜 심문하면서 장부를 모두 압수했다. 야간작업을 금지시켰고, 사복경관 유격대(Flying Squadron)는 밤중에 의류공장을 급습하여 공장문을 도끼로 부수고 몇 벌 안 되는 바지를 재봉하고 있는 범법자들을 색출했다.

— Quoted in Larry Reed

"Great Myths of the Great Depression"(Mackinac Center of Public Policy, 1998)

고 엄포를 놓은 후부터, 대법원은 대담한 판결을 내릴 수가 없었다. (위축된) 대법원 판사들은 그들의 세력을 위태롭게 하면서까지 권위적인 루즈벨트와 정면 대결을 하려고 하지는 않고 뉴딜정책에 고분고분해졌다. 루즈벨트는 그의 입법의 승리를 대법원이 더 이상 기각하지 않는 것을 보고는 대법원을 자기 뜻에 따르는 판사들로 채우려던 계획을 접었다.

어떻게 뉴딜은 빈민들을 더욱 굶주리게 했나?

존 스타인벡의 고전적 소설 『분노의 포도』에서 가장 마음을 아프게 한 대목은 굶주린 미국인들이 음식물을 고의로 폐기하는 짓거리를 지켜보는 것이다.

" … (그리고) 그들은 가만히 서서 감자들이 떠내려가고, 수 많은 돼지들이 꽥꽥 울어대면서 구덩이 안에서 죽어가고 그 위에 석회가루가 덮여져서 폐기처분당하는 모습을 지켜보고, 산더미처럼 쌓인 오렌지 더미에서 악취가 나는 썩은 물이 줄줄 흘러내리는 것을 지켜보았다. 사람들의 눈앞에 보이는 것은 큰 실패였다: 굶주린 사람들의 눈은 솟아오르는 분노로 이글거렸다. 사람들의 영혼에는 분노의 포도송이가 주렁주렁 매달려서 포도의 수확을 기다리면서 알알이 더 커져 갔다."

스타인벡은 독자들이 재미로 읽도록 하기 위해 이 소설을 쓴 것이 아니다. 1930년대에 판매자들은 실제로 가격을 올리기 위해 음식물을 폐기했다. 이 이야기는 이윤추구 자본주의를 준엄하게 고발한 것으로 많은 사람들에게 충격을 주었다.

그러나 진실은, 이런 불합리한 결과는 정부의 강압으로만 일어날 수 있다는 것이다. 자유경쟁시장에서는, 오렌지 재배 농민이 자신이 수확한 오렌지 일부에 휘발유를 뿌려서 태우는 것은 어리석은 짓이다. 사실 그의 행동은 오렌지 가격을 인상시킬 것이고, 그렇게 되면 오렌지 생산에 제한을 가하지 않은 사람들까지 포함하여 전부가 그 혜택을 보게 될 것이다. 진실은, 가격상승은 경쟁자들을 부추겨서 생산량을 크게 증가시키도록 자극할 것이다. 국내의 모든 오렌지 생산업체가 연합하여 카르텔을 형성한다고 해도, 외국 생산업체가 미국으로 오렌지를 수출하는 것을 막을 수는 없고, 다른 기업이 오렌지 생산업에 끼어드는 것도 막을 수 없다.

농업에서 자유시장경제가 실시되면, 농부의 생활 유지가 안 될 때에는 가장 비능률적인 농부는 경작을 그만 두고 전업을 할 것이다. 따라서 이 일로 인하여 앞으로의 수확량이 감소되는 것도 사실이다. 그것을 자원의 낭비라고는 할 수 없고, 이익이 더 많이 날 작물이나 생산품으로 자원의 재배치가 이뤄진다. 자유시장경제에서 직업을 바꿔야 하는 신통치 않은 농부일지라도, 이미 수확된 농산물을 폐기하지 않고 그 대신 잉여농산물을 처분하기 위해 가격을 내릴 것이다. 이는 마치 11월 1일 할로인 데이가 지났다고 해서 백화점에서 할로인 복장 재고품을 태워버리는 일은 좀처럼 볼 수 없는 것과 같다.

애석하게도 미국은 대공황 기간 동안 농업 분야에서는 자유시장경제 체제를 누리지 못했다. 자기 앞의 후버가 그랬던 것처럼, 루즈벨트는 농산물의 가격을 올리려고 했으나, 보조금을 지원한 것이 오히려 농작물의 재고만 늘어나도록 했다. "논리적"으로 다음 단계는 '의도적'인 공급제한 — 이는 후버 때 일어난 일이다 — 인데, 루즈벨트가 집권 후에는 이를 더욱 확대하였다. 이에 대해 짐 파우얼(Jim Powell)은 다음과 같이 책 읽어 봤나요?

Rethingking the Great Depression, Gene Smiley (Chicago: Ivan R. Dee, 2002)

FDR's Folly: How Roosevelt and His New Deal prolonged the Great Depression, Jim Powell (New Three Rivers Press, 2003)

The Forgotten Man: A New History of the Great Depression, Amity Shlaes (New York, Haper Collins, 2007)

이 설명한다:

"〈농업조정법〉이 발효되고 핵심 인사들이 다시 채용되었을 때에는 옥수수, 면화, 연초, 밀 등은 이미 심어져 있었고, 목장도 동시에 경영되고 있었다. 계획된 생산량 제한은 다음 해에 가서야 발효되었다. 일부 뉴딜정책 수립자들은 가격을 높이기 위해서는 이미 심어진 농작물들을 파헤쳐 버리는 것이 유일한 선택이라고 생각하기 시작했다. 농업부의 관리들은 1백만 명의 면화 재배자들을 등록시켜서 거의 1천만 에이커의 농경지를 파헤치도록 하고, 1억 달러를 지불했다. … 양돈업자에게는 6백만 마리의 돼지새끼를 모두 폐기처분하도록 하고 그 대금을 지불했다. 경제사가 브로더스 미첼(Broadus Mitchel)은: '대부분의 돼지고기는 가공업자와 정부의 협약에 따라 비료로 만들어지고 그 10분의 1만 식용으로 남겨져서 빈민구제용으로 사용되었다. 또한 1만2천 에이커 이상 되는 연초 밭을 모두 갈아엎었고, 캘리포니아 산 클링 복숭아(Cling Peach: 씨가 분리되지 않는 복숭아)는 과수원에서 썩어버리도록 내버려 두었다.'고 지적했다."

뉴딜을 혹평하는 존 플린(John T. Flynn)은 정부가 한 일의 위선을 다음과 같이 지적했다:

　　"농업부 장관 헨리 월리스는 수백만 마리의 돼지들을 죽이고,
　귀리를 태우고, 목화밭을 파헤치는 데 수억 달러를 썼다. 그리고
　나서 농업부는 국민들에게, 우리 시대의 가장 큰 문제는 양식을 충
　분히 생산하는 데 실패한 것이라고 발표했다."

노후보험: 사실은 보험도, 사회보장도 아니고, 안전하지도 않다

　뉴딜이 창안한 시책들이 다 영구히 실시되지 않았고, 실시된 것 중
가장 사랑받는 것은 아마 사회보장제도(Social Security)인데, 그 중에서도
특히 노후보험 조항이다. 직장인이 매번 봉급에서 공제한 "기여금"을
적립하여 퇴직 시에 '회수받기' 시작하는 사회보장을 말한다. 또한 장애
인과 세대주의 사망시에는 유족이 혜택을 받는 조항이 있다. 이 제도는
공정하고 절대 필요한 것인데, 대부분의 미국인들은 왜 이런 제도를 시
행하는 데 1935년까지 기다렸는지 의아해 했다.
　그러나 숙고해 볼 때 '사회보장' 제도의 실제 체계는 참으로 이상하
다. 우선 한 가지만 지적하면, 사기업 분야에는 신체장애와 생명보험은
물론 연금제도와 기타 퇴직연금 제도가 있다. '사회보장'의 합법적 기능
은 본질상 정부 규정을 요구하지 않는다. 누구나 사회안전망(safety net)
을 정부가 보장해야 한다고 주장하지만, 그 프로그램을 직접 관장해서
는 안 된다는 논리다. 비유해서 말하자면, 운전자는 모두 자동차보험을
들어야 한다고 정부가 규정하지만, 정부가 보험료를 받고 보험 청구를
지불하는 일을 하지 않는 이치와 같다. 오히려 정부는 단지 정부 소유
의 도로를 사용하는 운전자에게 민간 보험회사로부터 적절한 보험증권
을 구입하라고(즉, 보험에 가입하라고) 명하고 있다.

이것은 순전히 탁상공론을 하자는 의도가 아니다. 베네트 클라크 (Bennet Clark) 상원위원은 고용주가 피고용인에게 혜택이 큰 연금을 제공할 수 있는 한, 현 제도에서 벗어날 수 있는 사회보장 수정안을 발의했다. 원래 법안을 강력히 지지했던 로버트 라폴레트(Robert Lafollette) 상원의원은 일반 시민이 여러 플랜들 중에 한 가지를 선택하는 방안을 반대했다:

"만약 우리가 클라크의 수정안을 채택한다면, 노후보험의 연방 제도 설립을 굳힌 정부가 그 제도 설립의 법안 자체에 의해 경쟁을 조장하여 종국에는 연방제도를 파괴할 것이다… 정부 플랜 자체에 경쟁을 일으키고 부추기는 결과 결국 제도를 악화시켜 파괴할 것이다."

정부가 독점을 원하는 분명한 이유는 사회보장 초과 수입을 기타 선심사업으로 전용할 수 있기 때문이다. 말하자면, 과거를 통해 볼 때 매년 사회보장제도로 불입한 "기여금"이 퇴직자들과 기타 수혜자들에게 지불한 금액을 초과했다. 그 차액을 정부가 적자를 메우려고 사기업 부문에서 빌렸던 돈을 갚기 위해 써버렸다.

확실히 기록상으로는 사회보장 프로그램은 다른 정부 활동과 구별되어 있다. 이 제도가 시행된 때부터 모든 초과금액을 적립한 "신탁기금"이 절차상 조성되어 있다. 그러나 어느 특정한 해에 지급 급여세가 사회보장 연금을 막지 못할 경우, 정부가 매각할 수 있는 수십억 달러 가치의 법인 주식은 신탁기금에 포함되어 있지 않다. 오히려 반대로 정부가 경상비 항목을 막기 위해 '지급 급여세' 초과액으로 충당할 때에는 신탁기금은 단지 정부가 발행하는 차용증서를 쌓아둔 것에 불과하게 된다.

이것이 사회보장제도의 지불능력을 논의할 때 간과되는 핵심 쟁점이다. 왜냐하면 이 제도는 사실상 대규모 '폰지 사기(Ponzi scheme: 폰지가 자행한 돌려막기 사기 수법)'— 현 세대 근로자의 퇴직금을 미래세대 근로자들의 세금으로 충당하겠다는 희망에서 현 세대 근로자가 은퇴자들에게 지불하는 격 — 이므로 인구통계학의 변화에 대해 참으로 취약하다.

베이비 붐(baby boomer) 세대가 퇴직할 때쯤에는 미국 사회의 노화현상은 더욱 심각해진다. 달리 표현하자면, 시간이 지나면서 사회보장연금을 받는 인구수는 점점 많아지고, 이 제도를 뒷받침하는 근로자는 점점 줄어든다는 뜻이다. 이러한 인구통계학적 추세로 볼 때 지급 급여세를 늘리든가 사회보장연금을 줄이든가, 아니면 양쪽을 다 해야 한다.

신탁기금 문제로 돌아가 보자. 대부분의 분석가들은 개혁의 필요성을 논의할 때, 들어오는 지급 급여세와 나가는 사회보장연금의 차액으로 발생하는 적자가 언제 신탁기금을 깎아먹을 것인지의 여부를 기준으로 미래를 측정한다. 이러한 분석은 사기업 법인체가 재무성 장기채권 보유를 순재산으로 간주하는 것과 같은 방식으로, 사회보장국이 지고 있는 정부 부채를 동등하게 다루고 있다.

그러나 일반 시민의 관점에서 보면, 연방정부가 사회보장 신탁기금에 빚을 지고 — 납세자의 몫이라는 뜻 — 있다는 사실을 알 때 안심할수가 없다. 사실 신탁기금이 소진될 때 사회보장에 위기가 닥치는 것이 아니고, 적자가 처음으로 들어나고 (가짜) 기금이 불어나지 않을 때에 닥친다. 그 시점에서 정부는 (일반) 세금을 인상하고 연방적자를 늘리고 지출을 삭감하거나, 아니면 이 모든 조처들을 조합하여 시행해야 한다. 최근에 지역활동시민단체(Community Based Organization)의 예측에 의하면, 이 기금의 축소는 2019년부터 시작될 것이다.

덧붙여 말하자면, 인구통계의 변화에 대한 사회보장제도의 취약점은 노후보장 조항 자체의 특성 때문이 아니고 순전히 루즈벨트 프로그램의

'폰지 사기적' 성격 때문이다. 만약 사회보장제도의 근로자의 "기여금"을 은퇴기금 기여금처럼 투자했더라면, 퇴직자가 받는 연금은 직장에 근무하는 동안 투자한 것과 연관되어 있는 것이지, 그가 수입을 빼내가는 근로자 인구의 규모에 달려 있지 않게 된다. 거시적으로 볼 때, 은퇴자는 현세대 근로자에게 "붙어서 먹고 산다"라는 말도 맞다. 가령 퇴직자가 식품상점에서 음식을 살 때 돈을 어디서 받든지 간에, 현 농부의 생산품에 붙어먹고 산다고 해도 과언이 아니다.

그러나 사회보장과 진정한 퇴직 플랜과의 결정적인 차이는 이런 것이다. 즉, 수십 년간 적법한 저축과 투자를 통하여 퇴직자는 민간 퇴직금제도에서는 그를 이어받는 젊은 근로자들에게 더 많은 자본설비(capital equipment)를 제공한다는 것이다. 그들의 저축이 다음 세대의 근로자의 생산성을 크게 신장시킴으로써 퇴직자의 몫을 뒷받침할 훨씬 큰 기금이 조성될 수 있다. 이와는 대조적으로, 루즈벨트의 계획에서는 '파이커(FICA : 사회보장 세금을 내기 위한 봉급 공제)'의 봉급 공제액은 정부가 받자마자 소비해 버린다. 매년 근로자가 참고 견딘 수천억 달러의 상실된 소비(세금을 통한 상실)로 인해 자본주금(資本株金)은 성장하지를 못했고, 근로자의 소비절제는 정부의 소비확대에 이용되었다. 서서히 떠오르는 사회보장의 위기는 강제적 사기성 때문이다. 인구통계학적 변화는 시장 주도의 퇴직보험 제도에는 전혀 위협이 되지 않는다.

공공산업촉진국(The Works Progress Administration): 나쁜 경제, 좋은 정치

대공황을 제어해 보려는 뉴딜의 "공공건설사업"은 공공산업촉진국

(WPA)의 가장 전형적인 사업으로, 이는 루즈벨트 대통령의 명령에 의해 창립되었으며, 1935년에 입법화된 '긴급구조 세출예산법'(Emergency Relief Appropriations Act)에 의해 지원금이 조성되었다. 이 사업은 1943년에 중단될 때까지 약 8백만 명의 실직자에게 수십억 달러를 썼다. 비정한 시장에 의해 일자리에서 쫓겨난 사람들에게 직장을 주고, 학교나 교량 등 국가의 유형의 부(富)를 늘려준 공공산업촉진국(WPA)을 루즈벨트의 지지자들은 모두 좋은 기관으로 생각했다. 인간을 혐오하는 각박한 사람이 아니라면 과연 누가 국민들을 도우려는 루즈벨트의 그토록 이타적인 프로그램을 헐뜯을 수 있겠는가?

어떤 사람들에게는 놀랍게 들리겠지만, 공공산업촉진국은 경제적 관점에서 볼 때에는 실로 형편없는 발상이었으며, 그것은 대공황으로부터의 회복을 지연시켰다. 그 이유를 알려면 먼저 애초에 왜 그토록 많은 사람들이 직장을 잃었는지 그 이유를 상기해야 한다. 1920년대의 연준은 — 특히 1927년 영국은행을 구제하려고 — 여신시장에 돈을 홍수처럼 쏟아부었다. 이로써 이자율이 내려가고 투자에 기름을 부어 투기붐을 일으켰다. 기업들은 고용을 증대시키기 시작했고, 장기 프로젝트를 시작하기 위해 자원을 구매하기 시작했다.

1929년의 대공황 후 가용자원과 인력을 최대한 좋은 상태로 전환시키기 위해서는 가격을 조정할 필요가 있었다. 이 시점에서 이전의 나쁜 투자는 매몰비용(埋沒費用: sunk cost)이 되어버린다. 비유적으로, 1929년 말에 미국경제는 주택건설업자가 마치 터무니없이 부풀려 놓은 벽돌수를 근거로 그려진 청사진을 보고 놀란 공사 현장과 같다. 벽돌이 많이 부족하여 건축업자가 청사진에 그려진 대로 집을 짓기가 불가능하다고 깨닫는 순간, 먼저 해야 할 일은 "공사 중지!"를 명령하는 것이다. 자원의 재배분이 이루어질 때까지 희소한 자원의 낭비를 막아야 한다. 실제공급될 수 있는 벽돌수를 감안하여 청사진을 수정한 후에야 누구든 건축공사를 다시 시작할 수 있다.

그러나 문제의 핵심은, 수정된 건축계획도 결국에는 건축 근로자들 전부를 공사장으로 불러 모아 (보다 적절하게) 새로 디자인한 집을 짓게 한다고 할지라도, 청사진이 수정된 후 공사장의 일꾼 모두가 첫날부터 필요한 것은 아니다. 데크(뒷마루)를 페인트칠해 온 페인트공은 수정된 청사진에는 새 데크가 없으므로 몇 주 동안은 "쉬어야만" 한다. 새 집의 방들이 모두 다 완성되기 전에는 페인트칠을 할 이유가 없다. 이것은 많은 기업이 대공황 중에 겪은 사태를 그럴싸하게 비유한 하나의 예이다. 1929년에 지속 불가능한 경제의 거품이 꺼진 후 고용주들은 근로자와 자원의 필요를 재검토해야만 했다. 시장가격이 이런 일이 일어나도록 도와준다. 생산업자가 고객을 찾을 수 없으면 가격을 내려야만 한다. 직장을 잃은 근로자들이 일자리를 바로 찾지 못하면 그들은 요구하는 임금을 낮춰야 할 필요가 있다. 경제가 호전됨에 따라서 노동력은 더욱 귀해지고 임금은 오르게 된다.

그러나 후버와 루즈벨트 행정부의 정책은 이러한 경제회복 과정을 고의로 방해하고서는 실업률이 10년 내내 왜 그렇게 높았는지 설명하려고 했다. 가장 분명한 설명은, 모든 가격이 곤두박질칠 때에도 후버가 기업으로 하여금 임금을 인하하지 못하도록 고집한 것이다. 그러나 공공산업촉진국(WPA) 역시 회복을 힘들게 했다.(앞 장에서 인용한 노동통계국의 공식 집계 참조. 이 집계에는 WPA 수혜자들이 사기업 분야에서 직장을 구하지 못한 실직 노동력의 일부로서 포함되어 있다). WPA는 실직자들에게 실업급여라는 좋은 보수를 받을 수 있는 선택권을 제공함으로써, 장기간 지속 가능한 조건에서 경제를 회복시킬 진정한 생산적

인 일로부터 근로자들을 빼앗아 갔다. 단적으로 말해서 "뉴딜 때 왜 그
토록 많은 사람들이 오랫동안 직장을 구하지 못했나?" 하고 의아해할
때, 그 대답의 일부는 "정부가 돈을 주어 직장을 구하지 못하도록 했다"
는 것이다.

루즈벨트가 금을 몰수한 것처럼, 공공산업촉진국(WPA)의 실책은 잘
못된 경제관으로 인한 정직한 실수가 아니었다. 반대로 WPA가 수십억
달러를 대통령의 재량에 맡긴 결과 루즈벨트는 선거에서 믿을 수 없을
정도의 큰 영향력을 행사할 수 있었다. 의회가 처음에 WPA를 위하여
48억 달러를 할당하자, 주지사들은 도로, 댐, 교량과 모델 도시를 건설
하기 위해 대통령을 설득하려는 희망을 갖고 굽실거리며 워싱턴을 찾아
갔다. 루즈벨트의 재선 선거운동 팀은 WPA 자금을 1936년의 선거에서
이길 수 있을 것으로 예상되는 주들에만 배분해 주었다.

> "장부를 손에 들고 에밀 허자(Emil Hurjar)는 민주당 수뇌부에
> 건의했다: '이 주는 절대 주면 안 됩니다. 수고할 필요 없어요. 그
> 주에선 이길 승산이 없으니 무시하세요.' 그런 후에 '이 주는 이길
> 지 질지 확실하지 않아요.' 민주당을 위해 자금을 배정하는 우정국
> 장 팔리(Farly)는 이런 식으로 허자의 자문을 받고는 허자의 메모
> 지에 승산이 의심스럽다고 쓰인 주들을 위하여 WPA의 신규 정부
> 사업과 구제 프로그램을 발표하거나 또는 선거운동원과 선거 홍보
> 자료를 보냈다."

민주당이 WPA자금을 가장 사악하게 쓴 증거를 보여주는 것이 바로
펜실바니아주의 경우이다.(물론 공화당도 후버 임기 중에 부흥금융공사
의 은행 융자금을 분배하는 데 있어서 민주당 못지않게 부패했었다.)
1932년에 후버는 펜실바니아에서 이겼는데, 1936년의 선거에서는 루즈

벨트 팀이 그곳에서 민주당의 승리를 겨냥하고 있었다. 1936년에 WPA
는 펜실바니아 주에다 전국에서 가장 큰, 무려 3,000%나 증가한 자금을
할당했다. 펜실바니아 각 군의 선거 결과를 분석해 보면, 루즈벨트가 이
긴 군과 연방정부 지원금을 받은 군 사이에 분명한 상관관계가 있음을
보여준다. 실제로 펜실바니아 주의 어느 군의 민주당 의장은 다음과 같
이 한 지역구 유권자에게 편지를 보냈다.

"친애하는 … 여사님께:

지난 번 저희가 인디아나 군의 민주당 군 선거위원회로 28.08
달러의 선거 기부금을 보내주십사 하고 부탁의 말씀을 드린 바 있
는데, 귀하께서 전혀 회답이 없어서 크게 놀랐습니다. 귀하께서 우
리 당에서 차지하고 있는 위치로 볼 때 이 기부금을 기꺼이 자발
적으로 신속히 보내주시리라 믿습니다. 상기 금액을 조속히 보내
주시지 못할 경우, 유감이오나, 귀하의 성함은 긴급구호사업이 끝
난 후 어떤 자리에도 임용되지 않을 사람들의 명단에 올라갈 것인
데, 귀하도 알다시피 정부의 긴급구호사업은 멀지 않아 끝날 것입
니다."

정부의 어떤 고용창출계획(Make-work program)은 참으로 웃지 못할 어
리석은 짓이었다. 그 대표적인 예가 뉴딜 인의 〈국민재정착국(Resettlement
Administration)〉에 의해 건설된 소위 '꿈의 도시'라는 것이다. 이는 네브
라스카 주에 위치한 것으로, 그 프로젝트 명칭은 '악사벤(Ak-Sar-Ben)'
이었다. '악사벤'은 곧 네브라스카(Nebrasca)란 영문을 거꾸로 쓴(AC-
SAR-BEN) 것이다. 플래트(Platte) 강변의 이 도시는 목가적인 도시가 될
수도 있었지만 아무도 와서 살지 않았다. 이 계획은 현실적으로 완전한
실패작이었다. 물론 정치적으로는 실패작이 아니었다. 이것은 봐주기

식의 특혜 공사였을 뿐 그 이상도 이하도 아니었다. 뉴딜이야말로 대부분 정부의 강압, 부패, 억지 그리고 사기였다. 그러나 역사책에서 통상 기술되고 있는 것은 이와 반대이다.

✳✳✳✳✳✳✳✳✳

제 7 장
전시 호황의 신화

맞춰 볼래요?

🏠 전쟁은 국가를 부강
하게 만들지 못한다.

🏠 전시 호황을 보여주는
공식 통계숫자는 진실
을 오도하고 있다.

🏠 시장경제가 탱크나
폭격기를 생산하는 데
는 사회주의보다 더
효과적이다.

아마도 여러분은 이미 중앙정부의 계획은
— 큰 정부든 혹은 사회주의 체제의 경제든
간에 — 공황 중에는 말할 것도 없고 평상시
에도 효과가 없다는 것을 믿으면서 이 책을
샀을 것이다. 그리고 여러분은 아마 무모한
적자 지출은 국가를 부유하게 만들지 못한다
는 것도 이미 깨달았을 것이다. 이 두 가지 관
점은 상식으로 보이는데, 아직도 워싱턴에서는
이런 관점이 상당히 무시되고 있다. 이 문제를
잘 이해하는 사람들조차 또 다른 거짓 신화의
희생자가 되고 있다. 즉, 대규모의 살상과 파
괴는 경제성장을 촉진하며, 2차세계대전이 우
리를 대공황으로부터 벗어나게 했다는 신화
가 그것인데, 그러나 그것은 진실이 아니다.

한 국가가 최고로 생산적인 수백만 명의

근로자는 물론 대량의 강철, 고무, 휘발유 및 기타 희소한 자원들을 자
동차나 라디오, 기타 소비재 생산으로부터 전환하여 해외로 실려 나가
파괴되어 버릴 탱크나 폭격기, 탄약 등을 생산하는 데 투입한다면 …
이 지경이 되면 내국전선(內國戰線)에 남아있는 사람들은 더욱 가난해진
다. 미국에 대해 진실인 것은, 세계로부터 가장 많은 자원을 빨아들이고
있다가 자신들의 공장이 박살난 유럽과 일본에 대해서도 진실이다. 2차
세계대전이 인명의 피해 뿐만 아니라 세계경제를 파괴했다는 사실은 삼
척동자들도 다 알 것이다.

　　그러나 대부분의 미국 사람들은 "전시 호황"이란 거짓 신화를 배워
왔다. 역설적으로 루즈벨트의 많은 적들까지도 이런 설명: 즉 "우리를
대공황에서 구해낸 것은 뉴딜이 아니라 전쟁이었다!"라는 말에 찬동하
고 있다.

　　그러나 이 두 가지 새로운 개념의 이론은 정부의 소비지출이 "직장
을 만들고" 또 "총수요를 촉진"한다는 동일한 잘못된 전제에 근거하고
있다. 만약 보수주의자들이 운하공사에 경비 지출을 하고 국민을 공공
산업촉진국(WPA)의 사업장으로 몰아내는 것이 경제를 바로세우는 일이
절대 아니라는 사실을 인식한다면, 루즈벨트가 탱크 생산에 재정지출을
하고 국민들을 강제징집하여 군대로 내보내는 것 역시 해결책이 아니라
는 것을 알아야 한다.

　　나의 관점을 더 전개하기 전에 한 가지 분명히 해둘 것이 있다. 즉,
나는 이 제7장에서 프랭클린 루즈벨트가 추축국(樞軸國: 2차대전 당시의
독일, 일본, 이탈리아)에 대항하여 미국을 전쟁으로 이끌고 간 것이 실책
이라고 주장하는 것이 결코 아님을 밝혀둔다. 그 대신에, 우리의 참전이
직접적으로 경제적 혜택을 주었다는 일반적 추정을 반박하고자 하는 것

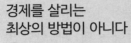

**경제를 살리는
최상의 방법이 아니다**

"전쟁으로 인한 호황
은 지진이나 전염병이 가
져오는 그런 호황이다."
— 미제스(Ludwig von Mises)

Nation, State, and Economy (New
York, New York University Press, (1919)
1983)

이다. 그와는 달리, 전비는 믿
을 수 없을 정도로 막대했으
며, 미국의 자원을 엄청나게
소모시켰다.

때로는 비싼 것들은 살만
한 가치가 있다. 많은 과학
자들도 정부가 우주탐사나
'원자 입자 가속장치'에 돈을
쓰는 것은 그만한 가치가 있
다고 믿는다. 이와 같은 이
유로 많은 의사들은 정부가 암 퇴치 연구에 자금을 후원하는 것은 돈을
현명하게 쓰는 것이라고 믿는다. 그러나 요점은, 이런 정부 프로그램이
공짜로 수행될 수 있는 것으로 우리 스스로 생각하는 어리석음을 범해
서는 안 된다는 것이다. 천체망원경을 우주궤도로 쏘아 올린다거나 의
학 실험실을 운영하는 데는 실재하는 유형의 자원들이 필요하다. 즉, 고
무와 유류 같은 물자뿐만 아니라, 컴퓨터 앞에서 일하는 훈련된 과학자
들의 노동시간 같은 고급 자원들이 필수적이다. 그 외에도 그런 부족한
자원으로써 생산될 수 있는 물품과 서비스가 있지만, 그것들이 정부 사
업에 전용되기 때문에 국민들은 현재 시점에서 그 혜택을 누리지는 못
한다.

경제학 자체는 자원을 사용하는 한 가지 방식이 다른 방식보다 더
좋은지 나쁜지를 말해줄 수는 없지만, 우리는 자원 사용에는 상충관계
(trade-off)가 존재한다는 사실을 인식해야 한다.

순전히 실용적 관점에서 볼 때, 편익(benefits)이 비용(costs)보다 더 크다면, 어떤 일을 하는 것은 의미가 있다. 나치 독일과 일본 제국주의에 대항해서 전쟁을 치른 데에는 돈으로 따질 수 없는 수많은 이유들이 있었다. 그 전쟁에 미국이 개입해서 지출한 막대한 비용은 충분히 정당화될 수 있었다. 그러나 비용과 편익을 혼동해서는 안 된다. 2차 세계대전 때문에 우리가 어떤 혜택을 누렸다고 독자가 평가하건 간에, "우리를 대공황에서 끌어낸 것"은 결코 전쟁이 가져다준 이익들 중의 하나가 아니다.

불멸의 실수: 깨진 유리창문의 오류

이런 "전시 호황"이라는 거짓 신화의 핵심에는 "깨진 유리창문의 오류"라는 것이 있다. 이것은 19세기의 위대한 고전적 자유주의 경제학자 프레데릭 바스티아(Frédéric Bastiat: 19세기 아담 스미스계열의 불란서 자유주의 경제학의 대가)에 의해 그 정체가 완전히 드러났다. 그가 예로 든 얘기는 이렇다:

"어떤 망나니 아이 하나가 벽돌을 던져서 상점의 유리창을 깼다. 점포 주인은 화가 머리끝까지 올라 있는데, 구경꾼들은 모여들어 그 장면을 보고 이런저런 말들을 한다. 그때 구경꾼들 중의 한 사람이 말하기를, 이 일이 상점 주인에게는 분명히 저주스러운 일이지만, 실제로는 축복이라고 했다. 왜냐하면, 상점주는 이제 새 유리창으로 갈아끼워야 하므로 유리창 가게에 일거리를 줄 것이고, 그리하여 유리공은 돈을 더 많이 벌게 될 테고, 그리 되면 그는 그 돈을 단골 가게에 가서 물건을 사는 데 쓰게 될 것이다. 이리하여, 역설적으로, 그 망나니가 그 점포의 재산을 파괴함으로써 경제적 번영의 연쇄반응을 일으키는 것이다."

물론 이 분석은 옳을 수가 없다. 만약 이 분석이 옳다고 한다면, 그 마을은 큰 아이들에게 한 바케츠의 골프공을 건네 주어서 마을에 풀어 놓는다면, 그 마을은 엄청나게 부유해질 것이다. 바스티아가 지적하는 이 분석의 오류는, 상점주가 가외의 비용을 지출하게 된 것은 무시하고, 유리공이 돈을 더 벌게 된 것에만 초점을 맞추고 있다는 것이다. 유리공의 사업상 이득은 다른 사람의 사업상의 손실로 상쇄된다는 것이다. 말하자면, 상점주가 새 유리를 사야 할 필요가 없었다면 그는 옷 한 벌을 맞춰 입으려고 양복점에 일을 줄 수도 있다. 여기에서 확실히 더욱 가난해진 사람은 상점주이다. 그는 깨진 유리를 갈아야 하므로 옷 한 벌을 사 입지 못했다. 바스티아가 지적했듯이, 경제학은 정말이지 상식이다.

어느 망나니가 한 지역사회의 한 구성원의 유리창을 부수면, 그 사람과 (그 사회는) 유리창 1장만큼 더욱 가난해진다.

파괴는 건설적이지 않다

"전쟁의 진정한 비용은 물자 영역에 있다. 소모된 물자, 상당 부분의 국가 파괴, 인력의 손실 등이 전쟁이 경제에 끼친 실제의 비용이다.… 대화재 같은 전쟁의 참화는 우리나라 국부의 엄청난 부분을 삼켜 버려 경제가 더욱 침체되었다…"
— 슘페터(Joseph Schumpeter)

"The Crisis of the Tax State," in idem, *The Economics and Sociology of Capitalism*, Richard Sqedberg, ed. (Princeton, NJ.: Princeton University Press, 1991), 118–19.

수억 번의 실수도 단 한 번 옳게 하는 것만 못하다

아주 간단한 수준에서, 전시 호황이라는 거짓 신화는 깨어진 유리창의 오류를 확대한 것이다. 유명한 경제 언론인 헨리 해즐릿(Henry

Hazlitt)은 이렇게 설명한다:

"비록 어떤 사람들(일류대학의 박식한 통계학자와 경제학 교수들)은 작은 파괴 활동에 순이익이 있다고 말하는 것을 경멸하고 있지만, 그들은 대규모의 파괴 활동에는 거의 무한대의 이익이 있다고 생각한다. 그들은 평화 시보다 전시에 우리가 경제적으로 훨씬 더 낫다고 말한다. 그들은 전쟁 목적을 달성하기 휘한 "생산의 기적"에 주목한다. 그리고 그들은 막대한 수요가 "누적되어 있고" 또는 "밀려 있음"으로 인해서 세계가 호황을 누리고 있음을 본다. 2차대전 후 유럽에서는 모든 도시가 잿더미로 변하여 파괴된 주택을 모두 "재건해야 했을 때", 그들은 즐거운 마음으로 파괴된 가옥들의 수를 세었다고 한다. 한편, 미국에서는 그들은 전쟁 중에 더 건설할 수 없었던 주택과, 공급이 불가능했던 나일론 스타킹과, 폐물이 된 자동차와 타이어, 그리고 낡은 라디오와 냉장고 등의 숫자를 세었다."

해즐릿은 독자들을 마음 졸이게 하지 않으면서, 즉시 그렇게 생각하는 것의 오류를 지적한다:

"그것은 단지 우리의 오랜 친구, 즉 '깨진 유리창의 오류'가 새 옷을 입고 알아볼 수 없을 정도로 살이 쪄 있는 것에 불과하다. 그런데 이번에는 그

> **그런 논쟁을 하는 건 힘이 든다**
>
> "자기 집을 태운 후 다시 지어야 할 필요가 자신의 정력을 보강한다는 논리에 따라서 자기 집을 태우는 사람은 아무도 없다."
>
> — Henry Hazlitt
>
> *Economics in One Lesson* (New York: Crown Publishers, Inc. 1979). 25-26.

오류가 그와 관련된 일련의 다른 오류들에 의해 보강되고 있다. 그것은 필요(need: 또는 욕구)와 수요(demand)를 혼동하고 있다. 전쟁의 파괴가 크면 클수록 민생은 더욱 가난해져서 전후의 필요를 더욱 크게 한다. 의심의 여지없이, 필요는 수요가 아니다.… 오늘날 인도에서의 필요는 미국의 필요와 비교할 수 없을 만큼 훨씬 크다. 그러나 인도의 구매력은, 다시 말해서 그 구매력에 의해 고무될 수 있는 '새로운 사업의 기회'는 비교할 수 없을 정도로 작다."

경제를 활성화하는 것은 파괴가 아니라 바로 생산이다. 파괴가 가져

＊＊＊＊＊＊＊＊

연합국의 폭격은 혁신의 어머니였나?

(소위) 파괴가 가져오는 이익에 대한 보다 세련된 주장은, 독일과 일본의 경제는 최첨단 기술의 공장과 설비를 갖추게 된 이익을 누리면서 아직도 구식 모델들을 사용하는 미국과 경쟁하는 경우를 비교하고 있다. 다시 한 번 이 오류를 지적한 헤즐릿에 주목해 보자:

"만약 이것이 정말로 유리하다면, 미국인들은 즉시 구식 공장을 부셔버리고 케케묵은 설비들을 내던져 저들의 유리한 점을 상쇄시키면 된다. 사실 모든 국가의 제조업체들은 구식 공장과 시설들을 모두 파괴하고 매년 새로 공장을 짓고 새로운 장비를 설치할 수도 있다.

그러나 단순한 진리는, 교체를 위해서는 최적의 비율과 최상의 시기가 있다는 것이다. 제조업체로서는 적절한 시기가 되어서 폭탄을 맞아 파괴되는 것이 더 유리할 때도 있다. 즉, 공장과 설비가 노후화되어 그 가치가 제로 또는 마이너스가 되어 있어서 좌우간 건물 파쇄업자를 불러 모두 부셔 없애고 새 장비를 구입하려고 계획하는 바로 그때에 폭탄이 떨어지는 것이 그런 경우이다.

— Henry Hazlitt

Economics in One Lesson, 29.

오는 것은 빈곤일 뿐이다. 전후 일본과 독일의 경제는 — 엄청난 폭격을 당했음에도 불구하고 — 인도와 나이제리아이 경제보다 월등히 앞섰던 것은, 그들이 갖추고 있던 우수한 훈련된 근로자와 도구와 제도적 구조 때문이었다. 해즐릿이 강조했듯이, 국가는 단지 더 많은 생산품에 대한 "필요"에 의해서 부유해질 수는 없다. – 근로자들이 소비자로서의 역할을 하기 위해 자신들이 소비할 생산품을 살 수 있는 수입을 얻기 위해서는 그 생산품을 생산할 수 있는 능력을 갖추어야만 한다.

"깨진 유리창의 오류"에서 든 예화처럼, 연합군의 폭격은 독일인과 일본인들을 정말로 빈곤하게 만들었다.

그 대신에 전후에 주택과 공장 건설에 소요된 노동력과 자원은 새로운 부를 창출하는 데 기여할 수 있었다. 그러나 자기 상점을 이전 상태

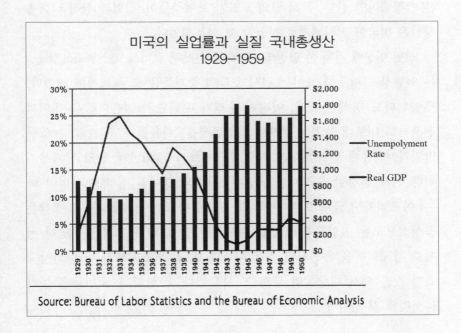

미국의 실업률과 실질 국내총생산
1929–1959

Source: Bureau of Labor Statistics and the Bureau of Economic Analysis

로 복원하기 위해 양복 한 벌 살 희망조차 포기한 그 상점 주인처럼, 독일과 일본 국민들은 국부를 전쟁 전의 수준으로 회복시키기 위해 수년간 꾸준히 일을 해야만 했다. 많은 어리석은 경제학자들은 이것을 축복이라고 하지만, 실제로 그것은 수십 년에 걸쳐 고생해서 일궈놓은 것을 적의 폭격기에 의해 한 순간에 다 파괴당한 저주였던 것이다.

전시 호황이라고? 새빨간 거짓말과 통계숫자

비록 근로자들을 죽이고 공장을 파괴하는 것이 경제에 도움이 될 수 없다는 것은 상식이라 하더라도, 외견상의 통계 숫자들을 보면 제2차 세계대전이 정말로 미국을 대공황으로부터 구해낸 것처럼 보인다는 점은 인정해야만 한다. 특히 앞의 도표가 보여주듯이, 실업과 실질 국내총생산은 미국이 전시체제로 전환할 때 회복되었다.

십년 이상에 걸쳐 쓴 일련의 저서와 논문에서 로버트 힉스(Robert Higgs)는 외견상 그럴듯해 보이는 전시 호황의 증거들을 모두 해체해 버렸다. 무엇보다도 명백한 것은, 어떻게 우리가 수백만의 젊은이들을 해외의 전쟁터로 내보내 놓고는 전쟁이 실업문제를 "치유했다"고 말할 수 있단 말인가? 비유해서 말하자면, 가령 루즈벨트가 1940년에, 공황과 싸우기 위해 신체 건강한 실직자들을 전부 (사자와 병마를 상대로 싸워야 하는) 아프리카 정글로 보낼 것이라고 선언했다고 가정해 보자. 그 정책은 공식적으로는 실업률을 줄였을 수도 있지만, 그러나 그것은 분명히 실제로 경제회복을 촉진시킨 것은 아니다. 만일 루즈벨트가 이런 괴상망측한 짓을 해서 대량실업 문제를 "치유했다"고 한다면, 국민들은 놀라 몸서리를 칠 것이다.

이 정글의 비유가 경박스럽게 들릴지 모르겠으나, 그것은 진실과 그리 동떨어진 이야기는 아니다. 힉스는 이렇게 설명한다:

"1940년~1944년간에 실직자는 7백45만 명 감소되었으나 …미군의 수는 1천 8십7만 명으로 늘어났다. 비록 시민들의 실업을 없애는 것은 곧 번영을 가져오는 일과 같다고 하더라도 … 예컨대 민간인 실업자 100명을 줄이기 위하여 146명을 군대에 보내는 것은, 아무리 군인 역시 하나의 직업이라고 하더라도, 번영을 달성하는 기괴한 방법이다.

그러나 사실, 군인이란 "직업"은 그 범주가 다르다. 종종 그들에게는 죽음, 신체 절단, 육체적 정신적 부상 등 상당한 위험이 따른다. 군 복무는 극한 상황에서 수행하면서도 보수는 적고, 싫든 좋든 전쟁이 끝날 때까지 복무해야만 한다. 끊임없이 전투태세를 갖추고 있어야 하므로 사람을 미치게 만든다.… 2차 대전 중에 405,399명이 전사하고 670,846명이 부상당했다. 경제학자들은 2차 대전 중의 군인 직업과 민간인 직업 사이의 상충관계(trade-off)를 계산하면서 이들을 동일 선상에 놓고 서로 비교하는데, 이야말로 현실에 대해 참으로 어처구니없는 우둔함을 드러내는 것이다."

힉스는 계속해서, 전쟁 중의 생산량을 공식적으로 측정하는 데에는 유사한 개념적 문제가 곤란을 야기하고 있다고 지적한다. 힉스의 비판을 이해하려면 우리는 먼저 국민총생산(GNP) 또는 오늘날의 경제학자들이 선호하는 국내총생산(GDP)을 측정하는 표준적인 절차를 재검토해봐야 한다. 국내총생산(GDP)이란 국내에서 이루어진 경제적 생산의 총계를 계산하는 것인데, 자동차 몇 대, 컴퓨터 몇 대, 이발 몇 사람, '해피 밀(Happy Meal: 어린이를 위한 맥도날드의 메뉴)' 몇 개 등처럼 모든 품목들을 미주알고주알 다 계산하는 것이 아니고, 각 생산품이 팔린 개수에다 가격을 곱한 금액을 합친 것이다. 그러므로 GDP를 계산할 때에는 경제 학자들은 미국에서 생산된 상품에 대해 소비자, 기업, 외국인과 정부에 의해 지출된 총액을 계산한다.

우리는 이미 경제적 생산 전체를 측정하는 척도로서 공식적인 GDP 통계에 의존하는 데 내포된 주요 문제점들을 보았다. 정부가 자체의 지출을 대대적으로 확대할 때에는 — 1940년부터 1945년 사이에 일어난 것처럼 — 정부의 지출이 공식적인 GDP 측정의 한 요소로 들어가기 때문에, 공식적인 GDP는 크게 오른다.

그런데 문제는, 국방성과의 계약에 의해 정해진 물품과 서비스에 대한 1백만 달러의 정부지출은 일반 소비자들이 사기업 부문에서 생산된 물품과 서비스에 대해 1백만 달러를 소비지출한 것만큼 생산적이지 못하다는 것이다.

왜 그럴까? 정부 관리들은 최상급 품질의 기재를 가장 저렴하게 사야 할 동기가 거의 없다. 사실 이 경우와는 반대로, 특히 전쟁 같은 비상시국에는, 가격은 고려하지 않고 지금(now) 당장 돈을 써서 구입해야 한다. 그러나 평화 시에도 (할당된 예산을) "사용하라, 아니면 잃어 버린다"라는 우리 귀에 익숙하고 워싱턴에서 활개 치는 그런 정신상태가 가격은 고려하지 않고 지출을 결정하는 지침이 되고 있다. 예산을 확보한 구매담당 관리는 그 돈이 분명히 필요하지 않아도 돈을 다 쓰지 않으면 다음 해의 예산이 삭감될 것을 우려한다. 그리고 모든 정부 부처가 돈을 더 받기를 원하고 있으므로 그들에게는 더 많이 지출하려는 동기를 갖게 된다. 이러한 동기에서의 차이가 10억 달러를 쓴 지역구 특혜사업 — 예컨대, 건축비가 많이 초과된 텅 빈 정부 청사 — 과 이윤추구를 하는 민간 기업체가 10억 달러를 소비한 사업은 비교 자체가 안 되는 이

유를 설명해 준다. 정부 지
출이 민간기업의 지출처럼
진정한 경제적 가치의 지표
가 될 수 없기 때문에, 정부
지출이 확대되었을 때 정부
가 발표한 크게 증가한 국민
총생산을 믿을 수 없는 것이
다. 앞의 도표에서 보여주듯
이, 이것이 바로 2차대전 중
에 일어났던 일들이다.

힉스가 그를 비판하는
사람을 더욱 궁지로 몰아붙
이자 문제는 복잡해진다. 미

이 책 읽어 봤나요?

Economics in One Lesson,
Henry Hazlitt (New York:
Crown Publishers, Inc. 1979)

Depression, War, and Cold War, Robert
Higgs (New York, Oxford University
Press, 2006)

Against Leviathan, Robert Higgs
(Oakland, CA: The Independent Institute,
2004)

*The Cost of War: American Pyrrhic
Victories,* John V. Denson ed, (New
Brunswick, NJ: Transaction Publishers,
1999, second edition)

국 정부는 전비 충당을 위하여 세금과 정부채권에만 의존하지는 않았다.
이와는 정반대로, 정부는 ― 금본위제도의 제한에서 풀려나자 ― 대
대적인 경비지출을 시작함으로써 인플레이션을 유발했다. 그 결과 우리
가 이제 그 파급효과를 겪고 있는데, 즉 그만큼 국내총생산(GDP)이 늘
어난 것은 조폐국이 돈을 찍어내서 통화량을 늘였기 때문이다.

경제통계학자들에게 공정하게 말하자면, 정부 관리들은 완전히 순진
하지만은 않다. 경제성장의 표준적인 기준은 "실질 국내총생산(real GDP)"
에 맞춰져 있는데, 이것은 가격 인상을 조정한 후의 어느 한 해에 생산
된 총 달러 액수를 뜻한다. 간단한 예로, 만약 정부가 통화량을 한 해에
두 배로 늘려서 평균 물가를 두 배로 올렸다면, 실제로 생산된 같은 양
의 물품과 서비스 생산량은 (명목상) 두 배로 부풀려진 GDP 숫자와 상

응하게 된다. 그러나 통계학자들은 흔히 일반 가정에서 구입하는 우유, 계란 등 기타 생필품의 가격인상을 근거로 한 "가격수정 요소"를 사용하여 이러한 왜곡을 수정하려고 한다. 그러므로 정상적인 조건 하에서는 통계학자들이 비등하는 물가 인플레이션을 고려하기 때문에, 정부가 조폐국을 가동시켜서 "기만술"로 공식 GDP 숫자를 함부로 늘이지는 못한다. 통화량을 2배로 늘이면 근본적으로 모든 물가를 2배로 올리게 되므로 "실질 국내총생산(real GDP)"은 변하지 않는다.

그리하여 전시의 외견상의 "호황"에 대한 해석 문제가 좀 더 복잡해지고 있다. 전쟁 중에 정부는 물가 통제를 강행함으로써, 그렇게 하지 않으면 급속도로 오르게 될 소비자 물가지수의 상승을 강제로 막았다. 그러나 이것이 의미하는 바는, 이 기간 중에 기록된 과거의 물가들은 전

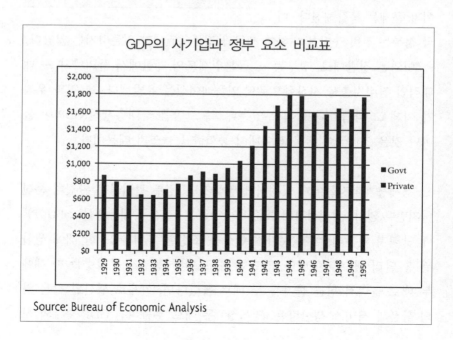

GDP의 사기업과 정부 요소 비교표

Source: Bureau of Economic Analysis

혀 의미가 없으므로, 경제사가들이 (억제된) 인플레이션을 설명하기 위해 과거의 달러 지출에 관한 자료를 조정하려고 할 때, 그것을 불가능하게 만들고 있다. 따라서 1940년대에 아주 세심하게 집계한 "인플레이션 조정을 한 국내총생산"의 측정은 소련이 발표한 경제통계 숫자 정도의 의미밖에 없다. 이러한 전시 때 집계한 경제적 통계는 "근본적으로 임의적"일 수밖에 없다고 힉스는 결론짓고 있다. 연준이 금융시스템에 얼마나 많은 인플레이션을 주입하고 있는지 시장가격이 보이는 반응을 정부가 효과적으로 불법화하였으므로, 전통적인 기법으로 전쟁 기간의 GDP를 산출하는 것은 상당히 잘못된 것이다.

정부의 공식적인 통계숫자가 보여주지 못한 또 한 가지는, 전쟁 중 수많은 민간인들이 희생당한 것이다. 민간인들은 군수품을 생산하느라고 희생되었을 뿐만 아니라, 징집이 안 된 경우에는 군수품을 생산하는 공장으로 직장을 옮겨야만 했다. 임대료 억제 방침으로 월세를 인위적으로 싸게 한 결과 집 주인들이 집을 수리하지 않아서 아파트는 날이 갈수록 황폐해졌다. 주택난도 극심했다. 특히 워싱턴 같은 도시들이나 군수공장이 있는 곳은 더욱 심했다.(1943년에 고전적 코미디 〈많을수록 더 좋아(The More The Merrier)〉에 나오는 한 장면을 보더라도 금방 알 수 있다). 어떤 생필품들은 생산이 전혀 안 되었다. 자동차 공장은 군용차만 생산하고 민수용 차는 생산을 중단했다. 휘발유, 구두, 커피 등 많은 생필품들은 배급을 받았는데, 당연히 정부는 개인의 희생을 애국적 의무로서 장려했다. ― 아마 그것은 애국적 행동이었을 것이다. 그러나 전쟁이 "번영"을 가져왔다는 의미는 결코 아니다.

중앙의 계획 – 평화시에도 나쁘지만 전시에는 치명적이다

우리가 이미 보았듯이, 전쟁 중의 엄청난 재정적자가 미국을 공황으로부터 건져냈다는 것은 거짓 신화이다. 앞에서 말한 요점을 되풀이하자면, 뉴딜정책을 반대하는 사람들은 이와 동시에 동화 같은 '전시 호황'이란 이야기를, 같은 논리로, 믿을 수가 없다. 이들 둘은 그 논리가 같기 때문이다. 즉, 군사비 지출이 경제회복을 이끌었다고 믿는 보수주의자들은 국내의 재정지출 영역에 있어서 그들이 반대하는 바로 그 케인즈의 '마중물 정책'(pump priming: 또는 유수(誘水)정책)을 부지불식간에 인정하는 셈이 된다. 그런 보수주의자들은 암묵적으로 폴 크루그먼과, 뉴딜이 실패한 이유는 너무 소심했기 때문이라고 말하는 사람들에게, 동조하고 있는 것이다. 이런 견해에 따르면, 만약 뉴딜이 취임하자마자 과감하게 국내총생산(GDP)의 20%가 넘는 적자를 감수했더라면, ― 빌려와서 지출한다(borrow-and-spend)는 이 대담한 정책을 시작하기 위해서 1942년까지 기다리지 말고, ― 대공황은 1937년에는 끝이 났을 것이다. 정말이지 '전시 호황'이라는 거짓 신화는, 다른 어떤 일이 있었다 하더라도, 적어도 아돌프 히틀러는 미국인들이 자신들의 경제를 바로잡도록 강요했다는 참으로 괴상한 결론에 도달하게 한다.

다행히도 일반적으로 자유시장경제를 선호하는 독자들은 그런 괴이한 사실을 인정할 필요가 없다. 미국이 2차대전에 참전한 것은 아마도 유감스럽긴 하지만 어쩔 수 없는 일이었다. 그러나 전쟁이 미국경제에 도움이 되었다는 것은 말이 안 된다. 전시 생산품은 모두 파괴되었거나 아니면 평화가 왔어도 전부는 아닐지라도 거의 대부분 그 가치를 상실했다. 이것은 번영을 증가시키는 방식이 아니었다.

잠시 여기서 간략하게 짚고 넘어가야 할, 이와 관련된 거짓 신화가
또 하나 있다. 평화시에는 케인즈식의 '마중물 정책'을 반대하던 사람들
도 간혹 '전시 호황'이란 신화를 지지하는 것처럼, 자유시장 경제를 지
지하던 보수주의자들이 대전(大戰) 중에는 갑자기 중앙계획의 전도사가
되는 것을 볼 수 있다. 시장가격의 인도를 받아 어떤 상품과 서비스를
생산해야 할지에 관해 결정적으로 중요한 결정을 내리는 개별 기업가들
의 탁월한 능력을 인정하는 사람들 중에도, 외국의 군사적 위협에 직면
하면 어떤 이유에선지 자본주의에 대한 그들의 모든 신뢰가 허물어져
내리고 만다.

전쟁에 관한 어떤 한 역사적 기술에서 발췌한 아래의 글은 아주 특
이한 것이다. 저자가 어떻게 순전히 군사 작전에 속하는 문제를 경제적
관점에서 명쾌하게 설명해 나가는지 살펴보자:

"1939년 미국 군대는 육군 174,000명, 해군 126,400명, 육군 항
공대 26,000명, 해병대 19,700명, 해안경비대 10,000명이었다. 군사
력이 최고로 강했던 1945년에는 육군 6백만 명, 해군 3백4십만 명,
육군 항공대 2백4십만 명, 해병대 484,000명, 해안경비대 170,000명
이었다. 1939년에는 미국은 항공기 2,500대, 전함 760척이었다. 1945
년에는 미국은 항공기 80,000대, 전함 2,500척이었다. 미국은 징병
제도로 군대를 키웠다. 미국이 선발 징병제법(Selective Service Act)
을 공표한 것은 1940년 9월 16일에 와서였다.

미국의 공장은 놀라운 속도로 민수산업에서 군수산업으로 전
환되었다. 전쟁 전에는 진공청소기를 만들던 회사가 기관총을 생
산하기 시작했다. 남자는 전쟁터로 떠나고 여자는 군수공장에서 일
을 했다. 1943년에는 2백만 명 이상의 여자들이 군수산업에서 일했
다. 조선소와 항공기 제작소에서 '리벳공 로지(Rosie the riveter: 2차

대전 중 미국 방위산업에 종사하는 여성 종업원을 상징하는 말)'는 어디에서나 볼 수 있었다. 관리들은 정상적인 경우 남자가 하던 일 10가지 중에서 8가지 일을 여자가 하고 있음을 발견했다.(이는 보고서 원문 그대로임!)

군수 물자를 시급히 조달해야 하므로 소비품은 품귀현상을 나타냈다. 연합국이든 추축국 정부든 모두 국민들에게 소비품을 배급해 주어야만 했다. 미국에서의 배급품은 육류, 버터, 라드, 기름, 커피, 통조림, 구두, 휘발유 등이었다. 의회는 대통령에게 1942년 9월 15일 수준으로 물가와 봉급과 임금을 동결할 수 있는 권한을 부여했다. 그리고 보석과 화장품과 같은 사치품에는 특별 국내소비세를 부과했다."

위의 인용문과는 반대로, 시장경제는 한 종류의 물품 생산에서 다른 물품의 생산으로 재빨리 전환할 수 있는 능력이 있다. 사실 시장경제의 제일가는 "미덕(virtue)"은 분권화된 경제 구조상 "현장에 있는 사람"이 그 현장에 대한 지식을 바탕으로 신속한 결정을 내릴 수 있다는 것이다. 이와 반대로, 관료적 중앙계획 경제에서는 작업장이나 공장의 관리인들은 자신들의 관심사를 명령계통을 통해 위로 전달하고, 책임부서의 관리들이 그 계획을 수정하여 새로운 명령을 내려보내 주기를 기다려야 한다.

1940년대에는 엄청난 수의 탱크와 항공기와 기타 군수물자를 생산해야 하므로 민간 소비를 급격히 줄일 필요가 있었는데, 이는 완전히 생산 공학(engineering)의 문제이다. 그렇더라도 정부가 후방의 국민들에 대해 직접 배급제나 기타 통제를 가할 필요는 없었다. 그 대신에 정부는 군납업체와 기타 기업체들로부터 원하는 물품을 구입하기 위해 세금을 인상하고 공채를 새로 발급하면 그만이었다. 높은 세금과 높은 이자율은(정부 재정적자의 결과로 발생) 미국 국민들로 하여금 소비지출을 줄이도록 강요했을 것이고, 수지맞는 군수품 납품계약은 군수업체들로 하여금 원자재와 기타 물품 시장에서 민수업체들보다 더 높은 가격을 제시할 수 있는 능력을 제공할 수도 있었을 것이다. 개별 기업들은 이윤을 극대화하기 위해 '보이지 않는 손'에 이끌려서 기계나 설비 등을 재정비하여 민수품 생산에서 군수품 생산업체로 전환할 수도 있었을 것이다.

자유시장주의 경제학자라 하더라도 자본주의 국가가 중대한 전쟁을 치르게 될 때, 자유방임정책의 범위를 어디까지 주장할 수 있을 것인지 고심하는 것은 사실이다. 예컨대 어떤 경제학자는 강제징집은 불필요했으며, 정부는 필요한 수의 사람들이 군에 지원하도록 유인하기에 충분한 보상 패키지를 제공했어야 한다고 주장한다. 지원병으로 구성된 군대는 유리한 점이 많다. 사기가 높고, 훈련을 빨리 할 수 있으며, 탈영병이 발생할 위험도 적다.(신병을 모집하는 데 강제성이 없다고 해서 현재 미군의 전투력이 약화되는 것은 결코 아니다). 반면에 어떤 경제학자들은 ― 정부의 전시 통제를 대체로 반대하는 사람들까지도 ― 이 문제를 이렇게까지 극단적으로 고집하지는 않을 것이다. 전쟁이 필요로 하는 인력이 너무나 많았으므로 정부는 필요한 수의 지원병을 확보하는 데 필요한 돈을 모두 지불할 수 없었기 때문이다.

그러나 징병 문제를 제쳐놓더라도, 전시에 경제를 통제한다는 것 자체에 취약점이 있다. 광범한 물가 통제, 배급제도 그리고 "초과이윤"에 대한 고율의 세금부과를 통해 정부는 전쟁 중에 노골적으로 중앙 계획을 채택했다. 사회주의를 반대하는 모든 표준적 논쟁들은 바로 이런 시

수단 방법을 가리지
말고 이겨야 한다

"자본주의는 본질적으로 국가의 평화를 유지하기 위한 방책이다. 그러나 이 말은 국가가 외적의 침입을 물리치기 위해서는 민간 기업을 정부통제로 대체해야 한다는 뜻은 아니다. 만약 그러한 대체가 이루어진다면, 정부는 가장 효율적인 방어책을 상실하게 될 것이다. 사회주의 국가가 자본주의 국가를 패배시켰다는 기록은 없다. 독일은 비록 전시 사회주의(war socialism)를 크게 미화했지만, 그들은 1차, 2차 세계대전에서 패망했다."

— 미제스(Ludwig von Mises)

Human Action, Scholar's Edition
(Auburn, AL: Ludwig von Mises Institute.)

책에 관한 것이다. 평화 시에 민간 기업인이 정부의 계획 수립자보다 더 좋은 품질의 물품을 더 저렴하게 생산할 수 있는 것처럼, 전시에도 마찬가지로 더 잘 할 수 있다. 그러나 물가통제와 "전시 이윤"을 허용하지 않겠다는 단호한 방침이 민간 기업이 국민을 더 잘 먹이고 군사 장비를 더 잘 만드는 방법을 찾아내지 못하도록 억압했다. 가격은 생산자들에게 어떤 품목이 부족하고, 어떤 품목은 남아돌아가고, 수요를 충족시키기 위해 어떻게 생산을 극대화할 것인지를, 그것이 토마토이건 바주카포이건, 말해줄 수 있다. 정확히 2차대전은 전례가 없는 사태였으므로 민간기업을 이렇게 큰 규모의 군수기업으로 전환시키는 일에 관한 "전문가"가 없었다. 수백만의 국민들이 지적 기량을 발휘하도록 부추겨서 쥐덫이건 (탱크이건) 간에 가장 좋은 생산 방법을 창안하는 일에 있어 시장을 주도하는 이윤추구 경제만큼 효과가 큰 것은 없다.

전쟁 중에 배급제를 실시한 것은 특히 불합리한 짓이었다. 왜냐하면 그것은 소비자들에게 아무런 이유도 없이 엄청난 희생만 강요했기 때문이다. 전시에 군대가 필요로 하는 군수품을 반드시 공급하도록 하는 가장 효과적인 방법은, 정부는 시장에 들어가서 필요한 군수물품들을 사기 위해 세금과 국채 영수증을 이용하면 된다. 그러나 결정적으로 중요한 것은, 정부가 특정 물품을 수요할 경우 그 가격이 올라가도록 내버려 둘 필요가 있다. 군대가 필요한 물품의 가격이 높게 유지되면 그 물품이 희소하다는 신호가 시장에 전해질 것이고, 소비자들은 거기에 맞춰서 구매를 하게 될 것이다. 중요한 것은 민간인들이 자신들의 소비를 어떻게 절제하도록 할 것인지를 결정하는 것이다. 소비자가 배급표(달러 지폐 외에도)를 타야만 물품 구입을 할 수 있도록 정부가 고집하면서 생필품의 공정가격을 유지한다면, 그것은 국민들에게 큰 혜택을 베푸는 것이 아니다. 전쟁물자의 조달로 국민 전체가 궁핍을 당하고 있는 마당에 배급제도까지 강행함으로써, 시민들은 겹겹이 쌓인 관료주의의 피해를 공연히 당해야만 한다.

> **자본주의는 버터 생산에도 총기 생산에도 더 유능하다.**
>
> 미군이 전쟁에 승리하기 위해 연합군에게 협조를 얻는 데 필요했던 모든 군수물자들을 제공한 것은 결코 정부의 포고문이나 공무원들이 작성한 수많은 서류더미가 아니었다.… 정부 개입을 주창하는 사람들은 강철을 아파트 건설용으로 써서는 안 된다고 한 마디 명령만 내리면 항공기와 전함 건조용 강철이 자동적으로 생산된다고 우리를 믿도록 하려고 했다.
>
> —미제스 저, *Human Action*

평화 시에는 중앙계획보다 시장경제가 우월하다는 것은 명백히 드러나 있다. 그러나 전쟁이 일어나자 정부는 그 적국들 — 즉, 현재의 적국(나치스 독일)과 미래의 적국(소련) — 의 정치철학에 호소함으로써 미국이 본래 갖고 있던 최대의 이점을, 즉 자유시장 경제라는 이점을, 질식시켜 버렸다.

후기: 2차세계대전이 미국의 생산을 크게 증가시킨 방식

논쟁의 공평성을 유지하기 위해, 전쟁 발발이 미국 경제를 합리적으로 활성화시킨 몇 가지 방식을 긍정적으로 평가하면서 제7장을 마무리하려고 한다. 확실히 위에서 밝힌 대로 전쟁은 총체적으로 막대한 비용이 들었고, 미국 국민들은 그만큼 더 빈곤해졌다. 그렇지만 전쟁이 미국 경제를 크게 호전시킨 몇 가지 방식이 있다.

첫째, 분명한 사실은, 세계를 휩쓴 독재의 위협이 미국인들로 하여금 그런 위협이 없었을 때보다 훨씬 더 열심히 일하도록 하고 소비지출은 더 연기하도록 했다. 사실상 전쟁이란 비상시국이 기독교적 직업윤리를 전국적으로 부활시켰다. 이러한 (제한적인) 관점에서 볼 때, 정부가 추정한 국민총생산이 늘어난 것은 어느 정도 사실이다. 물론 그렇다고 해서 전쟁이 미국 사람들을 위해 좋은 일이었다고 말할 수는 없다. 왜냐하면, 일인당 작업량이 크게 늘어난 것이 더 좋은 일일 수는 없기 때문이다. (당신이 어느 집에 계란 세례를 퍼부은 후, 그 집 주인에게 소파에서 빨리 일어나 지저분한 것을 닦도록 "동기부여" 하는 것은 그를 돕는 일이 아니다. 뿐만 아니라 그 사람에게 저축을 더 많이 안 하면 그의 개를 죽이겠다고 위협하는 것은 정말로 그 사람의 여건을 개선시킬 수 없다.) 그러나 물품과 서비스의 총생산이란 좁은 범주에서 생각할 때, 전쟁의 발발은 정말로 미국인들로 하여금 더 많이 생산하도록 고무했다.

2차 대전이 미국의 경제를 크게 활성화시킨 두 번째 방식은, 미국의 수출품에 대한 외국 수요의 급증이다. 일본이 진주만을 폭격하기 전부터 이미 미국의 산업 —"민주주의의 병기창(the arsenal of democracy)"— 은 막대한 양의 전쟁물자와 기타 물자들을 연합국에 공급했는데, 이것이 독일인들을 크게 화나게 만들었다. 1941년에 무기대여법(Lend−Lease bill)이 통과된 후부터 전쟁이 종식될 때까지, 미국은 약 500억 달러어치(1940년대의 달러 가치로)의 물자를 해외로 내보냈다. 만약 미국의 수출업자가 이 물품을 금 또는 훗날

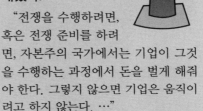

루즈벨트는 결국 대기업을 동반자로 태웠다.

"전쟁을 수행하려면, 혹은 전쟁 준비를 하려면, 자본주의 국가에서는 기업이 그것을 수행하는 과정에서 돈을 벌게 해줘야 한다. 그렇지 않으면 기업은 움직이려고 하지 않는다. …"
— Henry L. Stimson
US Secretary of War, 1940

Quoted in Robert Higgs, *Depression, War, and Cold War* (New York: Oxford University Press, 2006), 30.

받게 될 차용증서(IOUs)를 받고 직접 팔았다면, 미국 제품의 수요 급증으로 인해 미국은 더욱 부강해졌을 것이다. 이것은 마치 전쟁이 터져서 보잉(Boeing) 회사가 수지맞는 군납계약을 체결하면 보잉의 주주들이 갑자기 큰 부자가 되는 이치와 똑 같이, 국가 전체가 전쟁으로 경제적 혜택을 누렸을 것이다. 그러나 실제로는 연합국들은 미국이 "대여해 준" 물자 대부분을 상환한 적이 없고 — 당신이 짐작한대로 − 결국 미국 납세자들이 모든 부담을 짊어지게 되었다.

미국경제가 전쟁의 덕을 본 세 번째 방식은, 외국의 경쟁자들이 죽었거나 그들의 공장이 모두 파괴됨으로써 미국의 수출업자들에게 상대적인 이점을 준 것이다. 가령 어느 한 회의에 참석했던 회계사들의 90%가

**엉클 샘(미국)은 당신을 원한다.
(당신이 사회주의자가 아니라면)**

(좌익 성향의 뉴딜 정책자들) 중에는 사실상 전쟁 수행 관료층의 중직으로 옮긴 사람은 아무도 없었다. 민간 기관에서 근무한 적이 있었던 그들 대부분은 직장을 잃었다. 1943년 말쯤에는, 진보적 인사들이 새 직장을 찾아가는 대이동이 완전히 끝났다. '뉴딜 정책자들' 중에 남아 있는 사람은 거의 없었다.

— 역사가(Alan Brinkley)

Quoted in Higgs, 19.

식중독 사고로 죽었다고 하면, 살아남은 회계사는 그런 비극이 발생하기 전보다 훨씬 더 업무량이 많아져서 돈을 많이 벌게 될 것은 자명하다. 그러나 이런 관점에서 미국의 수출업자가 이득을 본 것은 이미 망한 유럽의 회사들로부터 물품을 수입할 수 없는 미국 소비자들의 손실과 상쇄된다.

마지막으로, 제2차 대전이 정말로 "우리를 대공황에서 벗어나도록" 도와준 네 번째 방식을 설명하려고 한다. 전쟁 전에는 기업인이나 투자자들은 뉴딜 정책이 어떻게 그들의 재산권에 타격을 입힐 것인가를 걱정하고 있었다. 그러나 전쟁이 일어나자 그 모든 것들이 바뀌었다. 루즈벨트는 국가를 전쟁준비 체제로 동원하기 위하여 몽상에 잠긴 뉴딜 정책자들을 실질적인 사업가들로 교체했다. 그 결과, 로버트 힉스가 지적하듯이, 친기업적인 분위기가 조성되었는데, 이것이 실제로 미국을 대공황에서 벗어나도록 도와주었다:

"1939년 유럽에서 전쟁이 터지자, 그 전에는 그러지 않았다 하더라도, 루스벨트 대통령은 외교 군사 문제에 시간과 정력을 쏟았다. 미국의 재무장(再武裝)을 효율적으로 수행하기 위해서는 … 기업인들의 협력, 특히 미국 최대 기업을 지배하고 있는 사람들의 협

력이 필요했다.… 기업계 최고 총수들을 끌어안기 위해 루즈벨트
는 국가 동원을 위한 각종 위원회와 사무국과 기관에 그들을 참여
시켜 지도력을 발휘하도록 했다.… 1940년 6월, 루즈벨트는 대기
업과의 연대를 강화하기 위해 헨리 스팀슨(Henry L. Stimson)을 전
쟁장관(war secretary)으로 임명하고, 1936년에 공화당 부통령 후보
였던 출판업자 프랭크 낙스(Frank Knox)를 해군장관으로 임명했다.
이와 같은 지도력 하에 미국 군대는 곧바로 미국 산업 역사상 최
대의 구매자가 되었다. 그러므로 군은 기업에 대해 비우호적으로
군수품 구매업무를 수행할 것으로 보이지 않았다. 1942년 중반까
지 1만여 명 이상의 실업계 중역들이 연방정부 전쟁 수행기관의
직책을 맡았다."

앞에서 이미 보았듯이, 루즈벨트는 대공황과의 싸움을 전개할 때에
는 대기업을 악인처럼 취급하고 소외감을 갖도록 하는 데 아무런 곤란
한 점이 없었다. 그러나 히틀러와 전쟁을 치러야 할 상황에서는 노변담
화나 상아탑 속에 있던 학자들의 계획이 소용없음을 깨달았다. 과격한
대부분의 뉴딜정책 입안자들은 행정부를 떠나야만 했다. 대기업을 안심
시킬 뿐만 아니라 오직 "기업 경영인들만이 전시경제를 관리하는 데 필
수적인 산지식을 가지고 있었으며, 전함과 폭격기와 탱크의 생산을 조
직화하는 문제에 직면하자 정치인, 법조인, 경제학자들의 심각한 한계점
이 드러났기" 때문이다.

이와 같이 전쟁이 미국의 경제발전을 도운 몇 가지 방식이 있었지만,
필자가 강조하는 것은, 이런 방식들은 2차대전이 미국 국민들에게 막중
한 부담을 지우게 된 방식들에 의해 묻혀버렸다는 것이다.

　　희생당한 목숨들과 경제적 파괴라는 관점에서 볼 때, 2차대전은 분명히 믿을 수 없을 정도로 비싸게 먹힌 전쟁이었다. 대공황이 외견상 1940년대 초에 끝났다는 것은 대체로 통계학적 환상일 뿐이다. 진정한 번영은 국가 전시동원 체제를 해제한 후 연방정부가 미국 경제에 대한 목조르기(즉, 억압)를 포기하고 다시 한 번 민간 투자자와 기업인들에게 자원을 관리하도록 허용했을 때 찾아왔다. 루스벨트 대통령은 이 시점에 사망했으므로, 우리는 "루스벨트가 우리를 대공황에서 구해냈다"라는 주장에 종지부를 찍을 수 있다.

제 8 장
대공황 : 오늘을 위한 교훈

언론매체들은 종종 2007년에 시작된 금융 위기를 대공황과 같은 선상에서 비교했는데, 그 비교를 통해 언론매체들은 마음껏 "조지 허버트 후버 부시"(George Herbert Hoover Bush) 와 그의 아무 일도 하지 않는 자유방임주의 사상을 비난할 수 있었다. 바락 오마바의 대통령 당선으로 이런 비교는 더욱 강화되었다. 왜냐하면, 오바마가 갑자기 어디선가 나타나서 다시 한 번 자본주의를 구출할 수 있는 현대판 루즈벨트로 간주되고 있기 때문이다. 황당하게 여겨질지 모르지만, 이 이야기는 어느 정도까지는 맞다. 여러 측면에서 미국 국민들은 대공황을 다시 한 번 겪고 있다. 그때나 지금이나, 연준은 지속될 수 없는 호황에다 기름을 부었다. 그때나 지금이나, 공화당 대통

맞춰 볼래요?

🏠 연방정부가 주택경기의 호황과 불황을 야기했다.

🏠 조지 부시(George Bush)는 허버트 후버(Herbert Hoover)처럼 큰 정부를 지향한 '보수주의자'였다.

🏠 버락 오바마(Barack Obama)의 행동은 프랭크린 루즈벨트처럼 들린다. — 이 말은 우리가 장기불황을 예상할 수 있다는 뜻이다.

령은 경기 후퇴에 직면하여 전례 없는 정부지출 확대와 사기업 부문에
대한 개입으로 대처한다. 그리고 — 오바마 대통령이 선거공약의 절반
도 실천할 수 없다고 가정하고 — 그때나 지금이나, "큰 정부 공화당"(*
역주: 공화당은 본래 작은 정부를 지향하는 정당임)이 카리스마가 있는 "큰
정부 민주당원"(*역주: 민주당은 본래부터 큰 정부를 지향해 왔다) 한 사람
(*역주: Obama를 뜻함)에 의해 패배당할 터인데, 그 민주당원의 끔찍한
정책은 경기 후퇴를 앞으로 10년 동안이나 지속시킬 것이다.

연준은 주택경기의 호황과 불황을 일으켰다

2000년대의 주택시장(주식시장도 마찬가지)의 호황과 불황은 경제
학자 루드비히 폰 미제스(Ludwig von Mises)와 프리드리히 하이에크
(Friedrich Hayek: 1974년 노벨경제학상 수상자)가 전개한 경기변동 이론
(bussiness cycle)의 거의 교과서적인 해설을 보여주고 있다. 이른바 "오스
트리아 학파의 경기변동 이론"으로 알려진 그들의 이론은, 요약하면, 주
기적으로 일어나는 호황과 불황은 자유시장 경제체제에 내재하는 특성
이 아니고 외부로부터 온다는 — 즉, 중앙은행을 독점한 정부정책에서
온다는 것이다. 진정한 자유시장 경제체제에서는 이자율은 저축(공급)
과 대출(수요)에 의해 결정된다. 그러나 현대 중앙은행은 연준과 같이
항상 이자율을 자유시장에서 결정되는 수준 이하로 낮추려고 안달한다.
그들은 새로운 여신 대출로 금융시장에 돈을 쏟아 부음으로써 이자율을
낮추고 있다.

이 교묘한 속임수의 동기는 물론 국민들에게 일시적인 행복감을 주
어 외견상의 호황 시절을 제공하는 것이다. 이렇게 인위적으로 내려간

이자율에서 기업들은 자유시장에 의해 결정되는 보다 높은 진정한 이자율로는 이익을 볼 수 없었던 사업들을 착수하게 된다. 실제로 일어나는 일은, 연준은 새 돈을 만들어 내서 시중은행에 넘겨주면, 시중은행은 다시 그 돈을 기업들에게 대출해 준다. 그러면 이 기업들은 이 새 돈을 사용하여 근로자들을 고용하고 자원을 다른 부문에서 끌어와서 사업을 시작할 수 있게 된다. 사업이 잘 되는 것 같아 보이면 임금과 상품가격이 오르기 시작하고 실업률은 떨어지게 된다. 간단히 말해서, 인위적인 신용의 주입은 경제적 호황에 기름을 끼얹는다.

그런데 문제는, 1928년에 미제스가 지적했듯이, "모든 호황은 언젠가는 끝나야 한다"는 것이다. 다른 가격들처럼 (왜곡되지 않은) 시장 이자율은 정말로 특별한 *의미*를 갖는다. 시장이자율은 대출받은 액수와 실제로 저축한 액수를 일치시켜 주는 중요한 역할을 한다. 그러나 연준에 의해 여신이 왜곡되기 때문에, 마치 소비자들이 실제로 저축한 것 이상으로 저축을 했다고 생각하고 기업들은 자원을 구입하여 장기투자를 하기 시작한다. 그러나 사실은, 인위적으로 낮아진 이자율은 소비자들로 하여금 정상적인 경우보다 더욱 적게 저축하도록 (그리고 더 많이 소비하도록) 만든다.

미제스와 하이에크는 이런 상황은 지속될 수 없다고 예를 들어 설명했다. 정상적

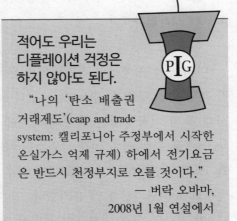

적어도 우리는 디플레이션 걱정은 하지 않아도 된다.

"나의 '탄소 배출권 거래제도'(caap and trade system: 캘리포니아 주정부에서 시작한 온실가스 억제 규제) 하에서 전기요금은 반드시 천정부지로 오를 것이다."
— 버락 오바마, 2008년 1월 연설에서

인 시장경제에서는 생산이 증가하는 데에 시간이 걸린다. 그 이유는 생산의 증가를 위해서는 더 많은 자본설비가 축적되어야 하는데, 자본의 축적은 금욕 행동으로만 (즉, 저축으로) 가능해지기 때문이다. 그러나 연준에 의해 유발된 호황에서는, 중앙은행은 생산 과정을 서두르려고 한다. 소비자들이 근사한 가전제품 구매나 비싼 외식을 잠시 줄여서 저축을 하고 있는 게 아닌데도, 중앙은행은 기업들이 드릴 프레스(drill press: 공작기계의 일종인 천공선반)를 더 많이 생산하기를 원한다.

환상은 몇 년간은 지속될 수 있으나 영원히 지속될 수는 없다. 해마다 호황이 지속되는 한, 생산구조는 갈수록 더 왜곡되고 그리고 지속될 수 없게 된다. 바로 이것이 미국에서 (그리고 세계적으로) 주택경기가 호황일 때 일어났던 일이다. 위기가 닥쳤을 때 — 저리의 융자에 고무되어 벌인 모험투자를 뒷받침할 만한 저축액이 부족하다는 것을 마침내 인식할 때 — 기업들은 긴축을 단행하고 진행하고 있던 사업 일부를 포기하고 근로자들을 해고한다. 현재 우리가 겪고 있는 것처럼, 이것은 고통스러운 일이지만, 호황이 끝나고 "경기 침체"의 시작이 빠르면 빠를수록 재조정의 기간은 더욱 용이해질 것이다. 진정한 "회복"은 폭락한 직후부터 시작된다.

미제스-하이에크의 경기변동 이론은 주택경기의 거품 현상과 매우 잘 부합된다. 닷컴 산업(dot.Com: 인터넷 관련 산업)의 붕괴와 9 · 11 테러 사태 후의 미국경제는 경기 후퇴기에 들어갔다. 경제의 '연착륙(soft landing)'을 위해 연준 의장 그린스펀(Alan Greenspan)은 연방은행 이자율을 1%까지 인하하고 — 1950년대 이후 최하 — 그것을 1년간(2003년 6월부터 2004년 7월까지) 유지했다. 이 이자율은, 물가 상승률을 감안하면, 이 기간의 실질 이자율이 사실상 마이너스(−)였음을 말한다. 2004

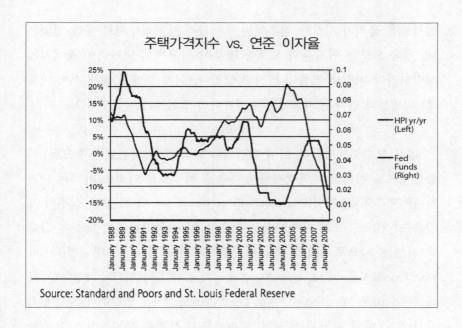

주택가격지수 vs. 연준 이자율

Source: Standard and Poors and St. Louis Federal Reserve

년 6월, 그린스펀은 인플레이션의 발생을 억제하기 위해 이자율을 다시 점진적으로 되올리기 시작했다.

참으로 놀라운 일은, 아직도 어떤 분석가는 연준이 차의 가속페달을 밟고 있으면서 브레이크를 밟는 것과 주택경기의 '호황과 불황'과는 아무런 관계가 없다는 사실을 아직도 부인하고 있다는 것이다. 이자율(특히 담보대출 이자율)이 떨어지면 주택가격은 오르는 것이 경제의 기본 원리이다. 위의 도표는 정평이 나 있는 S&P/CASE-SHILLER의 주택가격지수와 연준 이자율의 해마다의 퍼센트 증가를 표시한 것이다.

위의 도표에서 보듯이, 그린스펀의 믿기 힘들 정도의 저리 금융정책은 확실히 주택경기 붐에 기름을 부은 것으로 나타난다. 이자율이 곤두박질치자 주택가격은 1년간 인상으로는 최고를 기록했다. 그린스펀이 이자율을 올리기 시작한 직후에는 주택가격은 천정부지로 올라 있었는데, 계속 오르는 이자율과 보조를 맞추어 천천히 주택가격이 떨어지기 시작하다가 마침내 거품이 터지고 말았다.(왼쪽 축에서 회색 선이 0(제로) 퍼센트와 만나는 지점에서 주택가격이 떨어지기 시작했다.)

많은 보수주의자들은 이 주택경기의 붐과 폭락 사건의 원흉으로, 시중은행으로 하여금 무자격자에게 대출을 해주도록 압력을 가하는 근거가 된 지역재정투자법(Community Reinvestment Act: CRA) 같은 정부의 개입을 지적하고, 그와 마찬가지로 저소득 미국 국민들의 주택소유 확대를 사명(社命)으로 선언한 이른바 "정부지원 기업체"인 '패니매(Fannie Mae: Federal National Mortgage Association. 연방저당증권협회의 약칭)' 및 '프레디맥(Freddie Mac: Federal Home Loan Mortgage Corp. 연방주택금융저당회사의 약칭)'에게 제공된 특권적 지위(그들의 부채를 묵시적으로 보증해주는 방법을 통하여)를 그 원흉으로 지적하였다. 재차 말하지만, 이 정치적으로 정당한 기관들은 코네티컷 주의 상원위원 크리스토퍼 도드(Christopher Dodd)와 매사추세츠 주의 하원의원 바니 프랭크(Barney Frank)와 같은 진보계 민주당원들의 방해로 개혁의 바람도 피해갈 수 있었다.

이제, 정부 프로그램과 유관기관들이 시장의 기능을 왜곡시켜서 너무나 많은 자원이 주택으로 돌려지도록 한 것은 분명한 사실이다. 그러나 그런 프로그램들 차체만으로는 부동산 시장뿐만 아니라 주식시장에서도 대규모 붐을 일으킬 수 없었다. 그러한 붐이 일어나면 소비자들이 아이폰, 의류, SUV 자동차와 휘발유 등을 구입하게 되는데, 그와 동시에 자원들은 새로운 주택시장으로 대량 유입된다. 장기투자 사업의 개시를 초래한 이런 형태의 체계적인 과오가 발생하려면, 저축이 감소되었다고 하더라도,(인위적으로 낮아진 이자율을 통한) 여신 시장의 대대적인 왜곡이 필수적이다. 이런 이유 때문에 우리는 연준의 과오를 지적할 필요가 있다.

조지 부시가 자유방임주의자라는 신화

그러나 물론 진보적인 언론들은 연준을 비난하지 않고 규제받지 않는 자본주의의 탐욕을 비난했다. 자기 자신의 체면 유지와 이자율 결정에 대한 조사를 피하는 데 급급했던 앨런 그린스펀까지도 항복을 하고, 자기가 자체 규제하는 금융시장을 지나치게 신뢰했던 점을 시인하였다. 진보주의자들은, 정부의 규제가 주택경기의 불황에서 출발한 금융의 붕괴로부터 우리를 구출할 수 있었다고 주장한다. 그러나 사실은 그런 주장을 뒷받침하고 있지 않다. 우선 첫째로, 어떻게 자신의 돈이 위험한 상황에 있는 투자자보다 정부의 규제 담당자가 지속될 수 없는 거품을 더 잘 알아챌 수 있었단 말인가? 예를 들면, 2005년 12월까지도 연준의 직원인 경제학자 두 사람은 주택가격에 거품은 없다고 주장하는 보고서를 발표했다.

반면에 주택경기에 거품이 있다고 경고한 두 사람은 다름 아닌 미제스-하이에크의 경기 변동 이론을 옹호하는 펀드 매니저 피터 쉬프(Peter Schiff)와 텍사스 주의 공화당 하원의원 론 폴(Ron Paul)이었다. 솔직히 말해서, 워싱턴의 관료들이 시장의 미래 동향을 월가의 전문가들보다 더 잘 예측할 수 있다거나, 헤지펀드(Hedge Fund: 단기 이익을 추구하기 위해 국제증권, 외환시장에 투자하는 투자자금)의 수익에 대해 해지 펀드

이 책 읽어 봤나요?

Meltdown: A Free Market Look at Why the Stock Market Collapsed, the Economy Tanked, and Government Bailouts Will Make Things Worse, Thomas E. Woods Jr. (Regency, 2009)

투자자들보다 더 걱정한다는 것은 믿기 어려운 일이다. 우리가 워싱턴에 대해 알고 있는 모든 것들은 이와는 정반대임을 말해주고 있다. 사실, 주택거품이 푹 꺼지기 전에 '패니매'와 '프레디 맥'의 과도한 행태를 부시 행정부가 제어해 보려고 했을 때에도, 바니 프랭크와 크리스토퍼 도드와 그들의 패거리들로 이루어진 정부 규제 옹호자들은 자신들이 좋아하는 후원자들에 대한 어떤 개혁도 거부했다.

분명히 말해 두는데, 나는 "시장"은 항상 옳고 정부 규제는 항상 틀렸다고 주장하는 것이 아니다. 분명히 많은 투자자와 금융전문가들도 ―특히 신용등급 심사기관을 포함하여 ― 호황 기간에 큰 실수를 저질렀다. "월가는 틀릴 수 없다"고 말하지 않을 사람들은 헤이에크의 경기 변동이론의 지지자들이다. 왜냐하면, 그 분석가들이야말로 수년간 주식시장과 주택시장의 거품의 위험성을 경고해 온 사람들이기 때문이다. 그러나 월가의 전문가가 아무리 잘못 판단했더라도 정부의 규제자들은 일을 더 잘 했을 것으로 추정하는 것은 난센스이다. 누구든지 사태가 발생한 후에 그것을 자산 거품이라고 판정할 수는 있다. 뒷 자석에 앉아 있는 운전수(backseat driver: 참견 잘 하는 사람을 일컫는 속어) 격인 새 연방정부기관은 우리 경제를 위해 생산적인 일은 아무것도 하지 않을 뿐더러 일체의 혁신을 못하도록 금하고 있다. 규제하는 자는 때로는 진정한 거품을 아예 보지도 못하며(주택사태에서처럼), 또 어떤 때에는 실수로 어떤 가격을 합법적, 지속적으로 크게 인상시킬 수도 있다.

　자유시장경제는 그 자체의 성격상 스스로를 규제한다. 필연적으로 그것을 왜곡하는 것은 정부의 개입으로, 정부의 개입은 흔히 예상 외의 결과를 초래한다. 시장에 기초한 경제학에 대해 진보적 비평가들이 가장 크게 주장하는 것은 금융붕괴는 조지 부시 대통령의 집권기에 발생했다는 것이다. 그 비평가들의 그럴듯한 수사(修辭)에도 불구하고, 조지 부시는 원래 자유시장과 작은 정부를 주장하는 사람과는 거리가 멀다. 그 자신의 표현을 빌리자면, 그는 "온정적 보수주의자(compassionate conservative)"였다. 아니, 다르게 말하자면, 그는 진정한 보수주의자라면 결코 찬성할 수 없을 방식으로 연방정부를 대대적으로 확장한 큰 정부 옹호자였다.

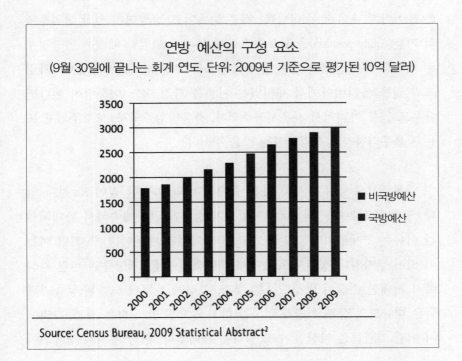

연방 예산의 구성 요소
(9월 30일에 끝나는 회계 연도, 단위: 2009년 기준으로 평가된 10억 달러)

Source: Census Bureau, 2009 Statistical Abstract[2]

다음의 도표가 보여주듯이, 조지 부시 집권 동안에 연방정부가 풍선처럼 확대된 것은 단순한 국방비 증가 때문만이 아니었다.

부시 대통령의 재임 시에 개척된 정부 개입의 질적인 확장을 단순히 예산의 증가만 가지고는 포착할 수가 없다.

허버트 후버처럼 조지 부시 대통령은 병든 기업을 살리기 위해 전례 없는 "지원(support)"을 제공함으로써 경제위기를 극복하려고 하였다. 재무장관 헨리 폴슨(Henry Paulson)과 연준 의장 벤 버냉키(Ben Bernanke)가 고안해낸 다양한 새로운 기법들을 통해 국민의 세 부담으로 금융기관들에게 수천 억 달러의 현금지원과, 수조(兆) 달러의 정부 지급보증이 지원되었다. 패니매(Fannie Mae)와 프레디 맥(Freddie Mac)을 '장악'(언론 매체가 쓴 용어이지 나의 말이 아님)한 것은 물론이고, 공공연히 일반 상업은행의 지분(equity position)을 확보함으로써 부시가 퇴임할 때에는 연방정부는 미국의 주택산업과 금융계의 국유화를 부분적으로 성취했다. 가령 그런 일을 볼리비아에서 재미있는 이름을 가진 어느 대통령이 했다면 아무도 그를 가리켜서 자유시장주의자, 자유방임주의자, 보수주의자 또는 자유주의자라고 생각하지는 않을 것이다.

대통령으로서의 부시의 업적 중에 후버와 비슷한 점이 또 하나 있다. 불행히도 2007년과 2008년에 걸쳐 정부개입이 계속해서 확대되어 간 이유는 경제위기가 그만큼 오래 지속되었기 때문이다. 2007년 여름이 되어 투자자나 정부 관료들에게 분명해진 것은, 저당증권 관련 자산에서 거대한 손실이 발생했다는 것과, 엄청난 부채에 노출된 금융기관들은 대규모의 장부상 평가 절하를 하지 않으면 안 된다는 것과, 그리하여 어떤 기관들은 파산할 수도 있다는 것이었다. 만약 부시의 경제팀이 진보주의 비평가들이 주장하듯이 정말로 자유방임 정책을 고수했더라면 그 후에 어떤 일이 발생했을지는 상상할 수 있다. 그때쯤에는 연준이 기름을 부은 붐으로 인해 이미 피해를 입은 결과, 실질 자원(목재, 벽돌 같은 건축자재)은 너무나 많은 주택건설 현장으로 이미 배달된 후였기 때문에, 그 자원의 구입에 들어간 비용들은 대부분 매몰비용이 되었을 것이다. 각자의 생각대로, 투자자와 펀드 매니저들은 손실 규모를 평가해 보고, 과연 누가 이 손실을 떠맡을 것인지 판단해본 끝에 일부 회사들이 파산한 후에 남아 있는 회사들 사이에서 자산을 재조정한다면, 그들은 계속해서 생존할 수가 있을 것이다. 살아남은 회사들은 "2007년 후반의 교훈"을 배웠을 것이며, 그들은 아무리 대기업이라도 망하지 않을 회사는 없음을 알았을 것이고, 장래에 닥칠 구조적 위험성에 대한 젊은 분석가들의 경고를 더 신중히 들었어야 했다고 생각했을 것이다. 2008년으로 접어들면서 금융업계는 살이 많이 야위고 심지어는 뼈만 앙상하게 되었지만, 한 차례 호되게 맞고 나서는 더 현명해지고 더 신중해졌을 것이다.

그러나 헨리 폴슨과 벤 버냉키가 주도하던 부시 행정부는 이 고통스럽지만 건전한 청산 방식을 허용하지 않았다. 2007년 9월에 연준은 전례 없는 이자율 하락을 단행하기 시작했는데, 이자율이 제로(0)로 떨어졌을 때 비로소 중단했다. 이 시점에서도 경제학계에서는 연준이 장기 재무성 증권을 매입하는 것과 같은 "완화책"을 다른 정책 대안으로 논의했다. 버냉키는 곤경에 처한 시장을 지원사격할 수 있는 충분한 "탄약"이 있으므로, 사정이 허용하는 한, 계속 자신의 권한을 사용하여 지원할 것이라고 거듭 말했다.

청산이라는 전통적인 약 처방을 신뢰하는 대신에, 부시 행정부는 최대 기업들을 구제하겠다는 약속을 견지했다. 그 가장 두드러진 예는 2008년 10월에 7,000억 달러 규모의 부실자산 구제 프로그램(Troubled Asset Relief Program: TARP) ― 이는 잘못된 명칭이다. 그 이유는, 폴슨은 문제가 된 자산들을 매입하지 않고 이 프로그램을 즉시 여신시장의 장애물을 없애기 위해 시중은행에 그 돈을 주입하는 것으로 전환시켰기 때문이다 ― 으로 등장한다. TARP에 의한 자금지원은 부실기업들을 지원하기 위한 정부의 노력이 증대되고 있었던 것의 필연적인 다음 단계였다. 2007년 9월에 이미 연준은 지불능력이 없는 회사들에게 악성자산(toxic assets)을 담보로 단기융자를 해주면서 그들이 파산선고를 연기하도록 허용했던 것이다.

1930년대 초반에 일어났던 일이 오늘날에 와서 재현되고 있다. 부시 행정부가 힘든 선택을 회피할 수 있다는 희망을 견지하고 있었기 때문에, 대차대조표가 최악인 회사들도 시간을 벌면서 기다렸다. 이 회사들은 낙관적인 '장부상 평가절하'로 투자자들을 속이면서 장부상에는 저당 잡힌 자산들을 비현실적인 높은 가격으로 평가해 놓고 있었다. 은행의 자산에 대한 신뢰의 결여 때문에 여신시장의 어떤 부문들은 동결되었는데 ― 폴슨이 주장한 대로, 이것은 중소기업들에게는 전혀 위협이 되지 않았지만 ―, 이런 문제는 청산 방식으로(즉, 자유시장이 작동하도록 내버려 둠으로써) 즉시 해결할 수 있었을 것이다.

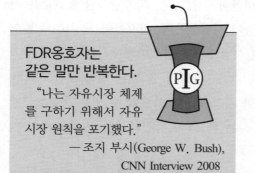

FDR옹호자는
같은 말만 반복한다.
"나는 자유시장 체제를 구하기 위해서 자유시장 원칙을 포기했다."
― 조지 부시(George W. Bush),
CNN Interview 2008

연방정부의 긴급 구제책은 부실기업들이 간신히 연명하도록 허용했
지만, 그러나 그 때문에 구제자금을 부담해야 했던 납세자들뿐만 아니
라 경제 전반의 건전성이 엄청난 대가를 치르게 되었다. 해체되거나 스
스로 구조조정을 요하는 기업을 지원한다는 것은 비생산적인 기업에 노
동력과 자본을 묶어 놓기 때문에 장기적으로 볼 때 아무에게도 이득
이 되지 않는다. 경제학자의 관점에서 볼 때에는, 그런 부실기업은 청산
하여 거기에 묶여 있는 자본을 해방시켜 훨씬 좋고 이익을 내는 용도를
찾아가도록 하는 편이, 실제로 가치를 창출을 하는 (대중이 실제로 구입
하기를 원하는 상품과 서비스를 생산하는) 일자리를 제공하게 된다. 정
부의 구제조치가 의도하지 않은 결과를 가져오는 또 다른 예는, 그것이
서브프라임(subprime) 위기를 잘 피해간 건전한 기업들을 곤경에 빠뜨린
것이다. 왜냐하면, 정부가 위기를 초래한 주범들에 대한 국민들의 신뢰
를 손상시키지 않도록 하기 위하여 모든 은행과 대부업체들을 일률적으
로 묶어서 TARP라는 배에 처박아 넣었기 때문이다.

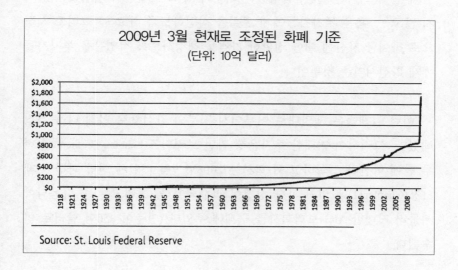

2009년 3월 현재로 조정된 화폐 기준
(단위: 10억 달러)

Source: St. Louis Federal Reserve

경기부양이 별로 안 된다

"만약 적자 지출로 경기를 부양시킬 수 있다면 현 부시 행정부의 1조2천억 달러의 재정적자는 경제를 이미 과열시키고 있을 것이다."

— 브라이언 리들(Brian Riedl)

Heritage Foundation fiscal policy analyst, quoted in *The Washington Times*, "Analysts give tax cuts in bill poor grades," by Donald Lambro, Feb 15, 2009, p A9.

한마디로, 부시 행정부가 원했던 것이 바로 미국 금융계에서 잠재적 투자자들을 의도적으로 겁을 주어 몰아내는 것이었다면, 그 이상 더 좋은 일은 할 수 없었을 것이다. 증권거래위원회는 2008년 9월에 (잠정적으로) 주식의 '공매도(short-sale)'를 금지시켰다.— 이는 투기꾼들이 주가가 앞으로 더 떨어진다는 예상에 베팅하는 것을 불법화한 것이다. 이것은 마치 귀막이를 하면 나쁜 경제 소식을 못 들을 거라고 생각하면서, 월가의 모든 사람들에게 귀막이를 하도록 요구하는 것과 대동소이한 짓이었다. 그러면서 실제로 취한 일은, 워싱턴은 너무나 공포에 질려서 현실을 직면하지 않고 — 혹은 투자자들에게 현실을 직면하도록 하고 — 그리고 시장으로 하여금 자산에 대한 정확한 가격을 책정하도록 하였음을 투자자들에게 확신시켜준 것뿐이다.

이런 실책들은 제멋대로 이루어진 정부의 간섭으로 인해 더욱 복잡해졌다. 그리하여 거대한 투자은행 리먼 브러더즈(Lehman Brothers)를 하루 만에 파산하도록 하고(이 회사는 2008년 9월 15일에 연방 파산법 제11장(Chapter11)에 의거 파산 신청이 접수되었다) 그리고는 그 다음날에 서둘러 거대한 AIG 보험회사를 구제해 주었다.(연준이 850억 달러로 인수했다.)

조지 부시 행정부는 언제나 큰 정부, 크게 지출하는 정부였다. 정권 마지막 몇 달 동안에 뉴딜 이래로 전의 어느 정권도 하지 않았던 정도로 금융시장에 개입했다. 한편 연준 의장 버냉키는 앞의 도표가 보여주듯이, 부적절하다기보다는 전례가 없는 조건으로 이자율을 내려서 통화량을 팽창시켰다. 어떤 기준에서 보더라도, 부시 행정부는 자유방임주의자도 아니었고, 건실한 금융의 옹호자도 아니었고, 작은 정부의 친구도 아니었다. 그러나 허버트 후버처럼, 부시 행정부가 한 일은 엄혹한 경기후퇴를 당해 자유방임주의 경제학을 희생시켰고, 장기간 지속된 공황을 유발한 민주당의 국가통제주의 정책을 합리화해 준 것이다.

버락 오바마는 현대판 루즈벨트인가?

대답은 물론 'Yes'이다. ─ 그래서 그것은 재앙이 될 것이다. 루즈벨트처럼 오바마는 점점 늘어나는 실업에 대처하기 위해서는 많은 산업분야에서 임금을 내려야 할 시점에 노조를 열렬히 지지했다.

환경보호는 루즈벨트 시대에는 큰 문제가 아니었다. 그러나 그것은 경기 부양책을 위한 수십 억 달러를 정부가 선정한(시장경제가 선정하는 대신에) 대체에너지 프로그램으로 전용하려고 하던 오바마 대통령에게는 큰 정부를 만들기 위한 강력한 개혁운동이었다.

더욱이 오바마 행정부는 지구온난화의 위협을, 가뜩이나 불경기로 고전하는 기업들에게 엄청난 비용부담을 안겨 가면서, 에너지 시장과 기업들의 에너지 사용 및 비용지출을 엄격히 규제하는 수단으로 사용하려고 했다. 그러나, 오바마가 선거운동 중에 자신의 정책으로 인해 석탄을 때는 기존의 발전소가 모두 파산을 하더라도 자기는 만족한다고 말했듯이, 사실 그 말에는 오바마 정부 정책의 핵심이 거의 다 들어 있다.

오바마 대통령이 (신설된 비공식 자리인) 기후 및 에너지 담당 부서의 수장 자리에 "지속 가능한 발전을 위한 사회주의자 인터내셔널(Socialist International : 사회 민주주의를 기치로 1951년 각국의 정당들이 모여 결성한 국제조직)"의 멤버를 임명한 것을 보고, 기업인들은 크게 실망하고 있다. 특정한 정책 내용보다도 더욱 불길한 것은 아마 오바마가 자신은 개인의 재산권에 대해서는 관심이 없다고 솔직히 인정한 것일 것이다. 그의 선거운동 기간 동안 분명해졌지만, 오바마는 "부(富)를 분산"시키는 것이 정부가 해야 할 일이라고 믿고 있다. 그는 "공정성(fairness)"을 이유로, 비록 그로 인해 정부 세입이 증가하지 않더라도, 양도소득세율의 인상을 지지하고 있다.

오바마 행정부의 전체적인 정책 기조는, 자신들의 이상주의는 너무나 순수하고 당면한 경제 위기는 너무나 특별하므로, 자신들의 정책을 방해하는 것은 그 어떤 것도 용납될 수 없다는 것이다. 자신들의 정책 목표는 경제의 단순한 회복이 아니라, 민주당이 좋아하는 산업에 대규모 정부 보조를 제공하면서 민주당원들이 좋아하는 방향으로 미국경제를 개조하는 것이라고 하였다.

상상하기 어려운 것은, 미국인들의 수입을 초과한 과분한 소비생활에 의해 ─ 이는 무모한 연준 이사회와 "온정적 보수주의" 행정부가 부지런히 확대시킨 연방정부 프로그램들에 의해 부추겨진 것이다 ─ 초래된 경제적 파탄을 조(兆) 달러에 가까운 돈을 "경기부양책"으로 퍼부어서 살리려고 하는데, 이 경기부양책은 민주당원들이 자신들의 지역구에 나누어 주려고 혈안이 되어 작성한 것이다. 종합적인 경기부양책과 그와 관련된 지원금 분배로 인하여 미국의 납세자들은(그 자손들까지) 2차대전 이후 최대의 국가 부채를 짊어지게 되었다.

　오마바 대통령의 경기 부양책들과 기타 "구제책들"은 루즈벨트의 뉴딜정책이 대공황을 치유하지 못했던 것과 마찬가지로 비참한 우리 경제를 결코 치유하지 못할 것이다. 이제 진정한 과제는, 과연 구(舊) 뉴딜정책 위에 세워진 버락 오바마의 신(新) 뉴딜정책이 끝내 미국경제라는 배를 모래사장에 처박게 될지 어떨지를 지켜보는 것이다.

✳✳✳✳✳✳✳✳✳

역자 후기

본서의 저자 로버트 머피(Robert Murphy)는 경제전문 채널 CNBC의 고정 논객으로서, 일반인에게 경제 문제를 쉽게 해설하는 유명한 학자여서 역자는 전부터 익히 알고 있었는데, 비봉출판사와 자유경제원의 번역 위촉을 받고 반가운 마음이 앞섰다. 저자는 자유방임 경제학설을 바탕으로 위에 말한 선거 때의 논쟁 중 물론 공화당 경제정책을 자문하고 지지하고 있음도 알게 되었다.

민주당과 공화당의 정책 공약이 동과 서가 다르듯이 대립각을 세워 유권자에게 호소하고 있으므로, 문제점과 성향을 경제문제에만 국한시켜 독자들을 위해 간단히 정리해 볼 필요를 느낀다.

본서 전체를 통해 저자는 미국 역대 정권들 중 특히 후버와 부시(공화당), 프랭클린 루즈벨트(FDR)와 오바마(민주당) 행정부의 경제정책을 비판 대상으로 삼고 있기 때문이다. 양당의 경제정책의 특징을 요약하면 다음과 같다.

민주당: 큰 정부, 연방정부 경제계획 및 통제, 사회보장 정부 관할, 정부규제 강화, 주식시장 정부 통제, 소수민족 및 경제적 약자 옹호, 영세 및 중소기업 보호, 재산권을 존중하되 필요시 정부가 제한, 노조 강

화, 자유주의 대법원, 노골적 소수민족 옹호, 글로벌 경제정책.

공화당: 작은 정부, 50개 주의 개별적 권한 강화와 자유방임. 사회보장 민영화, 정부규제 완화 및 철폐, 주식시장 자율 조정, 대기업 옹호, 개인 재산권 신성시, 노조 제한, 보수주의 대법원, 가면에 가려진 백인 우월주의, 국수주의 보호무역정책.

본서 전체를 통해 저자는 자유방임주의의 우월성을 논리적으로 전개하면서, 그렇게 하지 못한 연방정부(큰 정부) 주도의 후버와 루즈벨트의 정책, 그리고 이들의 전철을 밟은 부시와 오바마의 정책을 신랄하게 비판하고 있다. 대다수의 역사 교과서가 미국을 대공황에서 구출한 것은 루즈벨트와 그의 뉴딜(New Deal) 정책이었다고 가르치고 있는 반면에, 저자 머피는 절대 그렇지 않다는 반론을 설득력 있게 펴나가고 있다. 케인즈학파의 거두인 폴 크루그먼(노벨상 수상자)과 이론적으로 대척점에 있는 자유주의 경제학의 대가들, 즉 미제스, 헤이(노벨상 수상자), 폴섬과 로바쓰들의 경제학설을 기반으로, 후버와 루즈벨트의 (대공황에서 미국을 구출했다는) 신화를 거짓이라고 하면서 그것이 거짓말인 이유를 설명하고 있다.

본서는 제1, 2, 3장에 걸쳐 후버 대통령의 과도한 연방정부 개입, 즉 고임금 정책과 무절제한 저금리 통화팽창이 시장경제의 자체조절작용을 막고, 거품을 조장하여 주식시장 붕괴를 야기함으로써 대공황을 초래했다는 분석을 하고 있다. 후임자인 루즈벨트 대통령이 대공황을 종식시켰다는 일반 미국인의 통념도 물론 반박하고 있다.

제 4장에선 미국 국민에 끼친 뉴딜의 해악을 통렬히 비판하고 있는데, 그 때문에 자유방임경제체제는 설 땅을 잃었고, 과도한 입법과 정부기구의 설치를 무기로 관치경제가 민생에 끼친 각종 횡포를 고발하고

있다. 특히 관료주의가 빚어낸 코믹하기까지 한 예화들은 독자의 웃음을 자아내기에 족한데, 과연 뉴딜정책 시대에 그런 일이 발생 했었나 하고 의아해할 정도이다.

제5, 6장에서 저자는 루즈벨트와 뉴딜이 미국을 대공황에서 구출했다고 역사책에서 가르치고 있지만, 그것은 사실이 아닌 거짓 신화라고 심도 있게 논박하고 있다. 만약 루즈벨트가 자유방임의 시장경제 발전을 봉쇄하지 않았더라면, 기업에 대한 연방정부의 과도한 규제와 연방준비은행의 실패한 금융정책이 없었더라면, 미국은 대공황에서 더 빨리 회복될 수 있었다고 분석하고 있다.

제7장에서는 전시(戰時)의 군수경기가 경제호황을 가져왔다는 통념을 저자는 집요하게 깨려고 논리를 펴고 있다. 특히 제 8장을 번역하면서는, 이 책의 출판이 오바마 대통령의 집권과 타이밍을 맞추고 있다는 사실이 역자의 흥미를 끌었다. 오바마는 부시 대통령으로부터 1930년대 대공황 이후 최대 공황사태의 경제를 물려받았다. 부시는 작은정부 신봉자로서 정부규제 완화를 공약하여 대통령에 재선되었으나, 당면한 경제붕괴 위협의 압박을 받게 되었다. 그는 선거공약에서 급히 유턴하여 "온정적 보수주의"를 표방하면서 사상 초유의 7,000억 달러의 "TARP" (제8장 참조) 정책을 수립하여 도산 직전의 초대형 기업들을 구제했다. 저자는 사상 최대의 국가부채를 무릅쓰고 공황을 탈피하려는 부시를 무모하기 짝이 없는 '제2의 후버'라고 혹평하고 있다.

2016년 10월 10일
미국에서 역자 씀

색 인

대공황과 뉴딜정책 바로 알기
(Politically Incorrect Guide to
THE GREAT DEPRESSION AND THE NEW DEAL)

초판 인쇄 _ 2016년 10월 20일
초판 발행 _ 2016년 10월 25일

저　자 _ 로버트 P. 머피
옮긴이 _ 류광현
펴낸이 _ 박기봉
펴낸곳 _ 비봉출판사
주　소 _ 서울 금천구 가산디지털2로 98. 2동 808호(롯데IT캐슬)
전　화 _ (02)2082-7444
팩　스 _ (02)2082-7449
E-mail _ bbongbooks@hanmail.net
등록번호 _ 2007-43 (1980년 5월 23일)
ISBN _ 978-89-376-0450-8　03320

값 12,000원